E2

Le paradis, c'est les autres

SŒUR EMMANUELLE

**Entretiens avec
MARLÈNE TUININGA**

Le paradis, c'est les autres

Flammarion

© Flammarion, 1995
ISBN : 2-08-067130-8
Imprimé en France

A nos enfants,
spirituels, biologiques
et à venir.

Emmanuelle et Marlène.

Avant-propos

(Mère Teresa ? Non. Sœur Emmanuelle, l'« autre » religieuse médiatique, celle du Caire. Moins forte, plus fragile que la petite sœur de Calcutta, dit-elle d'elle-même. Plus humaine, aimerait-on corriger, plus proche de nous.)

« J'en ai assez de raconter et de relire ces histoires. J'en ai assez de " sœur Emmanuelle " ! Marlène, tu ne veux pas me faire parler d'autre chose ? Si ça continue comme ça, je vais changer de nom ! » Au moment de mettre ce livre sous presse, vous vous êtes montrée un rien agacée... Pardonnez-moi, sœur Emmanuelle, de vous avoir, par moments, un peu forcé la main. Je vous l'ai déjà dit : pour vous avoir suivie en France, en Égypte et aux Philippines, je sais que les étapes successives de votre vie si riche et si intense forment un tout cohérent : « la vie devenue idées », selon la belle formule de votre ami, l'abbé Pierre, dans son « Testament ». La gamine insupportable, la demoiselle coquette, la jeune religieuse frondeuse, l'enseignante aimée ou chahutée, la chiffonnière « grande sœur », la conférencière inspirée, la femme d'affaires et, surtout, la retraitée « orante »... toutes ces métamorphoses de Madeleine Cinquin ont quelque chose à vous dire et à nous dire aujourd'hui. Vous voudriez changer de nom ? Ce serait dommage. Mado, Madeleine, mademoiselle Madeleine, sœur Emmanuelle, mère Emmanuelle, Ableti (grande sœur), Ma Sir... C'est maintenant, à l'âge de quatre-vingt-six ans, que vous avez retrouvé, parmi vos sœurs dans la foi, votre vrai nom et, du coup, votre vraie identité : Emmanuelle tout court. En hébreu : « Dieu avec nous. »

Vous auriez voulu que ce petit livre s'intitule « La passion de vivre ». Pardonnez-moi, là encore, de vous avoir contrariée. J'ai préféré un titre plus explicite indiquant clairement la source de cette passion : les autres, l'Autre et ce qui, selon vous, est et sera le paradis. En ces temps où le nombrilisme et l'individualisme engorgent les gazettes et les écrans, j'ai pensé que d'autres que moi pourraient s'y intéresser. Bonne fille, vous avez fini par donner votre accord. « Pourvu que j'arrive à transmettre une parole d'espérance, c'est ça le plus important ! » m'avez-vous répété. Vous avez acquis votre renommée en raison de ce que vous avez fait à travers le monde. Tous ceux qui vous ont vue ou entendue, fût-ce par ondes hertziennes, resteront

10

marqués par ce que vous êtes. Une religieuse, une femme parmi les hommes qui, comme aimait à le dire votre supérieure préférée, « transpire » l'espérance. Faire trace de votre « vie devenant idées », sceller dans l'écrit votre charisme si singulier et, ainsi, faire partager votre espérance : ce fut pour moi une joie autant qu'un honneur que de relever ces défis.

MARLÈNE TUININGA

*« Si j'en ai la force, je voudrai
dire à tous ceux que je laisse sur
la terre que je les emporte avec
moi dans le Ciel. Chacun d'entre
eux. Car, vois-tu, Marlène, l'amour
est plus fort que la mort. »*

I

La mort à six ans

Sœur Emmanuelle. – L'événement qui m'a sans doute le plus marquée dans ma vie s'est déroulé un dimanche matin sur une plage de la mer du Nord, en Belgique. C'était en septembre 1914 et je n'avais pas encore six ans. Nous habitions Bruxelles où mon père – qui était français – avait hérité de sa mère une petite fabrique de lingerie. Officier de réserve et très patriote, mon père, Jules Cinquin, s'était présenté au bureau de recrutement de Calais, mais on lui avait répondu que sa classe n'était pas encore appelée. Pour profiter des derniers beaux jours de l'été, avant la grande séparation, mes parents avaient loué une villa au bord de la mer, à Blankenberge, près d'Ostende.

Ce dimanche-là, donc, ma mère – qui, elle, était belge – et ma sœur aînée, Marie-Louise, s'étaient rendues à la messe, alors que mon père nous avait emmenés, mon petit frère Daniel et moi, à la plage. Accompagnés, comme toujours, de notre gouvernante, mademoiselle Lucie. Il n'y avait pas beaucoup de monde sur la plage et, comme souvent dans ces contrées, la mer était démontée. Avant de se lancer dans l'eau, mon père nous avait fait barboter un peu et il m'avait tenu la tête pour m'apprendre à nager. Je me souviens : c'était une vision de gaieté et de bonheur. Mon père et ma mère s'aimaient beaucoup. Le soir, avant que nous nous couchions, je me mettais sur les genoux de mon père en me cachant à moitié sous sa robe de chambre, et ma mère se mettait au piano en nous chantant : « Ô mon bel ange, va dormir. »

Tout à coup, alors que Daniel et moi nous jouions dans le sable sous l'œil vigilant de mademoiselle Lucie, des dames se sont approchées de nous en criant : « Les enfants, appelez votre papa ! Il va trop loin ! Il n'y a plus de maître nageur ici ! » Car le maître nageur était parti au régiment. N'y comprenant rien, nous avons continué nos jeux. Et puis, voilà soudain une voix qui s'élève – il me semble l'entendre encore : « Les pauvres petits, leur papa a disparu. » Mais la mer était tellement déchaînée que personne n'osa l'affronter. Je vois encore mademoiselle Lucie se dresser et regarder à son tour, pour voir qu'en effet il avait disparu. Elle nous a pris par la main pour nous emmener en vitesse. J'ai crié : « Papa, papa ! » Mais je n'avais plus de papa. En quelques secondes tout avait basculé.

Le deuxième événement qui s'est fortement

imprimé dans mon esprit a eu lieu à peine quelques jours plus tard, quand nous avons pris le dernier bateau en partance pour l'Angleterre. Les Allemands avançaient et on disait que Bruxelles allait bientôt être pris. Ma mère, ayant repris les affaires de mon père, avait décidé de rejoindre le dépôt de lingerie fine que celui-ci avait créé à Londres en vue de l'exportation vers l'Amérique et l'Australie. Nous étions donc tous sur le bateau : ma mère, ma grand-mère – que nous appelions « bonne-maman » –, mademoiselle Lucie et les trois enfants, quand tout à coup le capitaine a dit par le haut-parleur : « Vous êtes priés de mettre vos ceintures de sauvetage ! » Panique à bord ; j'ai compris qu'il y avait des mines qui flottaient. Le bateau était sens dessus dessous ; les gens couraient à droite et à gauche, complètement affolés. Je vois encore ma mère et l'institutrice s'emparer de tous nos vêtements pour y inscrire, fébrilement, avec je ne sais plus quoi, nos noms et l'adresse de notre grand-mère Cinquin à Paris. Pour qu'on sache à qui nous envoyer au cas où l'on se trouverait séparés d'elles. Car chacun sait qu'en cas de naufrage, on met d'abord les enfants dans les canots de sauvetage. Moi, j'étais là, je regardais, je ne comprenais pas très bien. Je me disais : « On va peut-être disparaître. Maman va partir. Pourquoi est-ce qu'elle fait ça si vite ? Qu'est-ce qui se passe au juste ? » C'était de nouveau la mort qui s'approchait...

MARLÈNE TUININGA. – *Aujourd'hui, plus de quatre-vingts ans après, vous avez encore ces images dans la tête. Savez-vous de quelle manière ces deux événements vous ont marquée ?*

Je crois qu'il m'en est resté le sentiment que le bonheur et la joie peuvent exister, mais que, tout à coup, en une seconde, cela peut finir. La conscience de l'éphémère, en quelque sorte, de la fragilité. Je l'ai toujours, ce sentiment, et je l'avais encore plus quand j'étais jeune. J'aimais beaucoup m'amuser et dans les années qui ont précédé mon entrée au couvent, en 1929, j'aimais beaucoup les garçons aussi. Pour aller au théâtre, au cinéma, pour aller danser. Je riais et je flirtais comme on flirtait dans ces années-là, d'une manière très innocente. Je trouvais tout mon plaisir dans le moment. Comme dit André Gide : « Chaque instant de notre vie est essentiellement irremplaçable : sache parfois t'y concentrer uniquement. » Cela, je le savais. Mais, l'instant d'après ou l'heure, le jour d'après, le plaisir était fini. C'était comme de l'écume : c'est beau et ça laisse de l'eau salée dans la bouche. Je me disais que c'était débile de s'attacher à des choses si éphémères. Mais comme j'étais tellement avide de m'amuser, j'en reprenais. C'était comme un pendule, je passais d'un extrême à l'autre. Alors je repartais, je redansais, je repatinais, je refumais. Je m'amusais bien. En patinant, je tombais. Un beau garçon me ramassait. On s'amusait tous les deux. Et puis, qu'est-ce qui

18

restait ? Par exemple, moi, j'aime énormément les glaces. Mais quand j'ai mangé ma glace, qu'est-ce qu'il en reste ? Un peu d'eau froide, c'est tout. Même pas de l'énergie. Si le but de l'action à laquelle on se livre est le plaisir, le résultat me paraît toujours décevant. Par contre, si le but de l'acte qu'on pose est de vivre et de faire vivre les autres autour de soi, de leur donner de la joie, alors là, cela devient un plaisir autrement plus riche et qui, de surcroît, pourra durer. Quand je mange, c'est pour avoir la force de me dépenser. Le but n'est pas le plaisir de manger.

Ce n'est que beaucoup plus tard, bien entendu, que j'ai pu analyser ce sentiment de la fragilité des choses. Parfois, j'ai l'impression étrange de me trouver devant un spectacle qui avance. Un peu comme un fleuve qui coule. « Tout coule », disait un philosophe grec. Dans le fleuve, il y a des choses qui apparaissent, qui disparaissent et puis le mouvement continue. Devant cet écoulement des choses, j'ai eu très tôt le désir de me raccrocher à du solide, à quelque chose qui ne change pas. Bref, à un absolu. Puisque chaque plaisir terrestre que je goûtais finissait toujours par se terminer, j'ai voulu aller plus loin, chercher davantage. Oui, je crois vraiment que c'est la mort de mon père qui m'a mise sur cette voie.

Votre mère s'est donc retrouvée veuve à l'âge de trente ans avec trois enfants en bas âge, une vieille

mère et une institutrice à sa charge. Est-ce d'elle que
vous avez hérité votre légendaire vitalité ?

Oui, je pense que c'est elle qui m'a transmis sa force. Ma mère était une maîtresse femme et une lutteuse. Elle a peut-être eu des moments durs mais moi, je ne l'ai jamais vue effondrée. Sauf ce dimanche de septembre quand nous sommes, mon frère et moi, revenus de la plage avec mademoiselle Lucie. Me voyant en larmes, elle m'a demandé : « Pourquoi pleures-tu, Madeleine, tu t'es encore disputé ? » J'ai répondu : « Mais non, maman, papa s'est noyé ! » Elle a immédiatement regardé la gouvernante pour voir si je ne racontais pas des blagues et quand celle-ci a détourné les yeux en signe de confirmation, maman a blêmi et s'est retenue au mur. Puis, se ressaisissant et murmurant « *Ave Maria gratiae plena* », elle a filé vers la plage pour voir s'il y avait encore quelque chose à faire.

C'est la seule fois où je l'ai vue flancher. Après, elle a repris les affaires de mon père d'une main de maître. On est restés quelques années à Londres, puis, vers la fin de la guerre, nous nous sommes installés chez la grand-mère Cinquin, à Paris. La vie n'était pas facile. En plus de ma grand-mère, il y avait les trois jeunes sœurs de mon père et aucun homme. Parfois, le canon des Allemands, la Grosse Bertha, nous obligeait à nous réfugier dans les caves. Je me souviens qu'elle était toujours gaie, ma mère. Elle avait aussi pris en main notre éducation, et la mienne en particulier. Je n'étais pas commode, je m'opposais fréquemment à elle. Souvent je la « testais ». Un jour, voyant que pour la énième fois je ne voulais pas prendre ma cuillerée d'huile de foie de morue, elle m'a dit : « Tant pis, si tu ne la prends pas, tu ne viendras pas au théâtre avec nous. » J'étais persuadée qu'elle finirait par se laisser amadouer. Eh bien, non. Elle était plus forte que moi. Je n'ai pas avalé ma potion et les autres sont partis sans moi.

Mais je me suis toujours sentie profondément aimée dans ma famille. Cette affection bonne, franche et légère que m'ont donnée mon père et ma mère, j'en ai tiré les bénéfices pendant toute ma vie. Je pense que si je n'avais pas été aimée comme je l'ai été – ma mère est même venue me soigner quand, à l'âge de vingt-cinq ans, j'ai attrapé la typhoïde à Istanbul –, j'aurais fait des bêtises comme tant de ces jeunes qui m'écrivent aujourd'hui. J'aurais pris de la drogue. Qui sait, je me serais peut-être suicidée.

Le fait d'avoir grandi en présence de cette femme qui savait vivre m'a donné, je crois, une vitalité, une passion de vivre extraordinaire. C'est une aventure merveilleuse, la vie, depuis le petit bébé, ce germe qu'on met au monde et que ses parents couvent pour que la petite plante puisse devenir un homme ou une femme qui va prendre son destin en main. C'est cela, vivre : prendre son destin en main. Regarder la route avec lucidité, connaître ses limites et ses possibilités, comprendre le courant qui traverse son corps depuis le sommet de la tête jusqu'aux pieds, parcourant les mains, le corps tout entier. La vie, c'est presque une furie, c'est cette passion d'avancer, de marcher, de monter, de se battre, de perdre et de gagner. De gagner, surtout. La vie, c'est toujours avancer en cordée, courir la main dans la main avec les autres. Quand il y en a un qui tombe, un autre le relève et ainsi de suite ! En avant ! *Yallah* ! comme on dit en Égypte.

Quant à moi, aujourd'hui, je sais que mon action ne risque plus d'être éphémère. Déjà, quand j'étais jeune, j'avais l'impression que quelqu'un de plus grand, de plus fort que moi me tenait la main. Maintenant, je sais que Dieu est présent dans ma vie. Alors, cela vaut la peine de courir et d'aider les autres. Et je me dis : vas-y, Emmanuelle, cours, va !

II

Je veux l'Absolu

Saint Thomas d'Aquin, qui était un bon psychologue, avait coutume de dire que c'est vers l'âge de onze, douze ans que la personnalité de l'enfant prend la forme qui le marquera pour le restant de sa vie, qu'il est « achevé d'imprimer », comme on a pu le dire par la suite. Ou bien il commence à se tourner vers les autres, à partager, ou bien il s'apprête à ne vivre que pour lui. Dans mon entourage j'ai souvent constaté la justesse de cette affirmation, qui en tout cas a été parfaitement valable pour moi. C'est vraiment ma première communion et la préparation de celle-ci qui ont été le début de ma conversion. Cela s'est passé à Paris, à la paroisse Saint-Vincent-de-Paul, un an avant la fin de la guerre. J'avais dix ans bien sonnés. Jusque-là j'avais été une petite fille plutôt insupportable. Il n'y avait que moi qui comptais. Je m'opposais à ma mère. Je me disputais avec mon petit frère.

Je revois encore le banc où nous étions assis face au jeune vicaire qui nous faisait le catéchisme. Cet homme-là – je ne l'ai plus jamais revu mais j'espère bien le retrouver au ciel plus tard ! – nous parlait de Jésus-Christ d'une façon si vivante qu'on avait l'impression qu'Il était là, debout à côté de nous, et qu'Il nous regardait en nous souriant et en nous aimant. L'abbé nous disait : « Le Christ nous a laissé ces paroles : " Aimez-vous les uns les autres comme je vous ai aimés. " Vous ne pouvez rien faire pour Lui, car Il est au ciel maintenant. Mais vous pouvez faire beaucoup pour tous ceux qui sont autour de vous. » Pour une petite fille, c'était rudement exaltant. Cela piquait mon imagination et de l'imagination, j'en avais beaucoup.

Cette catéchèse m'a vraiment donné la direction de ma vie. D'autant que le Dieu-amour dont nous parlait l'abbé correspondait vraiment au Dieu dont on me parlait à la maison. L'enfer, le péché, le purgatoire... tout cela, c'étaient des mots que j'ignorais totalement. L'abbé nous expliquait les choses avec des termes très simples, à notre portée : « Voyez-vous, le ciel et la terre, cela fait un. Alors, si vous êtes gentils, si vous ne vous battez pas, si vous aimez les autres et si vous partagez, vous avez déjà Jésus dans votre cœur. Vous ne le voyez pas, mais il est là. » Nous étions très impressionnés par l'enthousiasme et la vocation brûlante de cet abbé. Moi, j'ai commencé à comprendre que je n'avais pas le droit de ne penser qu'à moi et d'embêter les autres, qu'en le faisant je manquais à l'amour. Cela ne veut pas dire que je suis devenue beaucoup plus obéissante à partir de là. Mais il m'est apparu pour la première fois que vivre, cela signifiait aimer quelqu'un qui ne changerait jamais et être aimée de lui pour l'éternité. Cela m'a paru extraordinaire.

C'est là, sur le banc du catéchisme, que j'ai commencé à savoir ce qu'est l'absolu. Cette idée d'une relation d'amitié qui dure toute la vie, et même au-delà, a compensé – je m'en rends compte aujourd'hui – le choc que j'avais eu à six ans et qui m'avait laissé le sentiment amer qu'on ne peut pas être heureux dans ce monde avec les choses de la terre. Sentiment qui ne m'a jamais quittée complètement. Un jour à Bruxelles, pendant mon adolescence, je me suis trouvée devant une fenêtre en me disant : « La vie n'a pas de sens. La terre, ce n'est rien du tout. Si je me jetais par cette fenêtre, ce serait fini, on n'en parlerait plus. »

Je n'ai pas sauté le pas. Pourquoi ? Je crois que cette foi vitale, authentique, du vicaire de Saint-Vincent-de-Paul, qui m'avait prise aux tripes, m'a sauvée en me rappelant le sens de la vie. Au fur et à mesure que les années passaient, je n'ai cessé d'approfondir ma relation avec le Christ. Attention, je dis bien que mon amitié avec Jésus-Christ est devenue plus profonde et non pas plus sensible. J'entends parfois des gens dire : « Quand je prie, je suis comme dans un état d'exaltation. » Pas moi. Je suis très rationnelle et je me méfie de la sensiblerie. Ma piété est toute déductive : je constate que la vie passe, le fleuve coule. Si je n'avais pas Dieu qui me commande l'amour, il ne resterait rien, juste un peu d'eau salée.

Dans les années vingt, entendre proclamer, au catéchisme, un Dieu-amour, ce n'était peut-être pas très courant. L'abbé ne vous a jamais parlé de l'enfer, du péché et du purgatoire ?

Jamais. Il nous a parlé du « sacrifice » de Jésus, mort sur la croix pour nous. Ce mot avait encore un sens à l'époque. Mais jamais je ne l'ai entendu parler d'enfer ou d'un Dieu impitoyable. Je ne sais pas comment j'aurais réagi si l'on m'avait donné cette vision de la religion. Mal, sans doute... Avec notre abbé tout se passait dans la joie. Même la confession. Il nous disait : « Mes enfants, si votre âme est noire comme du charbon, vous pourrez vous confesser en disant : " Jésus, je n'ai pas été gentil, je n'ai pas fait telle ou telle chose ou j'ai fait ça " et votre âme redeviendra blanche comme de la neige. » Moi, je savais que je n'étais pas gentille, que j'étais égoïste et cela me remplissait de joie de savoir qu'en me confessant j'allais devenir toute blanche. Et quand on recommençait, l'abbé nous rassurait : « C'est parce que nous sommes tous fragiles, vous comprenez. Ce n'est pas grave. Ce qui compte, c'est que Jésus vous aime beaucoup. Vous Lui redemanderez pardon. » Il présentait tout d'une manière chantante. Au sens propre du terme :

je vois encore les petits livres dans lesquels il nous apprenait les cantiques et les chants.

Une petite fille de dix ans peut comprendre beaucoup de choses déjà. D'autant que je baignais, au sein de ma famille, dans un climat d'amour. Le «comme je vous ai aimés» du Christ signifie aussi «comme je suis aimé(e) chez moi». J'ai commencé à sentir, plus ou moins confusément, que je devais me mettre à rendre tout l'amour qui m'avait été donné alors que, jusque-là, je n'avais fait que recevoir. Je pense qu'une personne qui n'a pas été aimée étant enfant doit avoir du mal à s'ouvrir aux autres. Parmi les gens qui m'écrivent et me téléphonent maintenant que je suis à la retraite, certains connaissent ce problème-là. Comment pourrait-on aimer si l'on n'a pas d'abord été aimé soi-même ?

Compte tenu de tout ce qu'a pu vous apporter votre famille, n'est-il pas un peu étonnant que vous ayez opté pour la vie religieuse qui implique le vœu de chasteté, donc une vie seule et sans enfants ?

La chasteté, c'est un concept complètement négatif. Cela veut dire qu'on n'a pas de rapports avec. Pour moi ça n'a pas de sens. Je n'ai pas opté pour la chasteté, j'ai opté pour une vie et une fécondité plus grandes qui supposent que, si je veux aimer tous les hommes, toutes les femmes et tous les enfants, je ne peux pas en choisir un pour moi toute seule. D'ailleurs, même quand j'ai commencé à sortir et à m'amuser, à Bruxelles, je n'ai jamais eu d'amoureux attitré. J'ai très bien senti qu'aucun homme ne pourrait satisfaire mon cœur. C'est petit, un homme. Ça tombe malade, ça vous contrarie, ça meurt. J'étais trop ardente, trop passionnée, trop absolue. D'ailleurs, je ne suis pas sûre que j'aurais pu, à la longue, me satisfaire d'un seul homme ! Et surtout, ayant vu le bonheur mourir, j'aspirais à un bonheur sans fin. Il m'a semblé que le choix qui devait me combler d'amour jusqu'à ma mort et au-delà, ce serait d'aimer l'humanité dans le Christ, ou, si on préfère, d'aimer le Christ dans son humanité.

J'ai donc opté pour l'amour universel. Le vœu que j'ai prononcé implique qu'en refusant une relation charnelle avec un seul homme, je me déclare prête à me donner corps et âme à tous ceux, dans le monde, qui ont besoin de mon amour, de mon énergie, de ma chair, de mes mains, mes pieds, mes yeux. De tout mon être, quoi ! Je ne me suis jamais sentie une femme seule. Quant aux enfants, j'ai été comblée. Lorsque, jeune religieuse de vingt ans, j'ai pris, à Istanbul, une classe d'une trentaine d'élèves de quatre à cinq ans, cela a été le vrai bonheur. C'était presque mes enfants, ces petits bambins que je chouchoutais. Quand j'y repense, mon cœur se remplit de joie. Je crois que l'important, pour moi, n'est pas tellement de vivre avec que de faire vivre. Parfois j'ai l'impression d'avoir des milliers d'enfants. Grâce à l'entremise des nombreux amis et donateurs de mon association, j'ai pu sauver de la mort intellectuelle – par la construction d'écoles – mais aussi de la mort physique, de la faim, du tétanos, de tas d'autres maladies, je ne sais plus combien d'enfants égyptiens, philippins, libanais et soudanais.

Moi, ce qui m'intéresse, c'est cette passion, cette rage de vivre que je veux transmettre. Que la joie de vivre qui m'habite déborde de mon être, que les connaissances que j'ai acquises débordent de mon cerveau. Pour moi, c'est ça enfanter. Pour une femme, mettre au monde un enfant, c'est certainement quelque chose de merveilleux, car c'est la chair de sa chair. Mais faire naître l'esprit de son esprit, le cœur de son cœur, la volonté de sa volonté, l'acte de son acte, c'est un enfantement prodigieux ! Parfois j'ai carrément l'impression d'être dotée d'une fécondité physiologique !

J'ai le cœur plein. Je suis comblée. Pourquoi ? Parce que je vis d'un amour incommensurable. La religion qui m'a été apprise est une religion qui me fait sortir de moi, qui se tourne vers les autres. Comme, sur l'icône de Roublev, chaque personne de la Trinité se penche vers son voisin. Comme l'abbé Pierre quand il est venu nous voir au Caire. Ne sachant pas un mot d'arabe, il s'est contenté de serrer la main aux chiffonniers, un à un, longuement, en les regardant dans les yeux. Il n'avait pas besoin de paroles. Il y avait quelque chose qui rayonnait en lui et chaque homme l'a senti.

Aujourd'hui je sais mieux que lorsque j'étais

jeune fille que le choix de l'Absolu est un choix qu'on doit renouveler chaque jour, presque à chaque instant, et que ce choix se nourrit par la prière. Et aujourd'hui j'ai compris que je ne suis pas devenue la sainte à auréole de mes rêves d'enfance. Car cela ne fait jamais que soixante-six ans que je recherche l'Absolu et il m'arrive encore de préférer continuer à lire un bon livre plutôt que d'aller prier !

III

À moi l'aventure !

Après la guerre, en 1918, quand toute la famille est revenue s'installer à Bruxelles, ma mère m'a inscrite à l'école primaire des Dames-de-Marie, chaussée d'Haeght. J'étais une élève dissipée mais qui travaillait plutôt bien. C'est là qu'à l'âge de onze ans j'ai connu le deuxième déclic déterminant pour le reste de ma vie. On m'avait donné, à la fin de l'année scolaire, un prix. C'était un livre immense, trois fois plus gros que les livres habituels et rempli de beaux dessins ; il racontait l'épopée des premiers missionnaires en Afrique et était écrit dans le style de l'époque, plein d'emphase et de clichés simplificateurs. Les missionnaires étaient tous des saints et les Noirs, au début, tous des méchants qui tuaient les pauvres Blancs pour les faire rôtir. Puis arrivait l'« épopée » de la conversion. Tout doucement les Noirs cessaient de se manger entre eux. Ils ne tuaient plus les missionnaires. On ouvrait des écoles. Les petits enfants devenaient bons, ils se faisaient baptiser, des familles entières se convertissaient. Je l'ai dévoré, ce livre, c'était merveilleux ! Je m'en souviendrai toujours. Un jour, au déjeuner familial, alors que je venais d'en terminer la lecture, j'ai lancé : « Moi, plus tard, je serai religieuse, missionnaire et martyre ! » Éclat de rire général. Mon frère et ma sœur se sont moqués de moi : « Bon, alors tu commenceras par te payer toutes les corvées de la maison. Et si on te donne des coups, tu ne diras rien ! » Ils se sont mis à me pincer en disant : « Tiens, il vaut mieux t'habituer ! »

Cela m'a refroidie, bien sûr, et, de peur qu'on ne se moque de nouveau de moi, je n'en ai plus parlé jusqu'à l'âge de vingt ans. Mais, dans mon for intérieur, mon choix était fait. Je serais religieuse, pas une religieuse contemplative, enfermée dans un couvent : non, une religieuse active, missionnaire. Plus tard, je partirais en Afrique. Les Noirs allaient certainement me torturer, me manger peut-être. Comme dans mon livre, je traverserais des rivières en risquant la noyade et je pénétrerais dans la jungle pleine d'animaux sauvages. Pour moi, la vie missionnaire allait être une aventure extraordinaire. Dans l'église de ma paroisse, j'avais repéré un beau vitrail montrant je ne sais plus quelle sainte et je me disais : « Plus tard, moi aussi j'aurai un vitrail ! Je serai une sainte ! »

Il faut préciser qu'à l'époque, la vie présentait très peu de possibilités d'aventure aux jeunes filles que nous étions. L'université ne devait ouvrir ses portes aux femmes qu'en 1928 et, bien sûr, il n'était pas question de travailler. La voie normale pour les demoiselles de mon milieu était le mariage : rien à voir avec la situation des jeunes filles d'aujourd'hui. D'un bout à l'autre, toute notre existence était protégée. Il n'y avait qu'à se laisser doucement guider, comme le faisaient ma sœur et toutes nos amies, dans l'attente du prince charmant. Périodiquement les familles organisaient des bals, où, sous l'œil vigilant des mamans, les jeunes filles pouvaient sympathiser avec des jeunes gens «comme il faut». C'était très sérieux, tout ça, très cadré. Quand ma sœur est allée au bal, j'ai demandé à maman l'autorisation de l'accompagner. Ma mère m'a répondu que je ne pourrais y aller qu'après avoir terminé mes études secondaires. J'étais furieuse.

Mais quand j'ai eu l'âge requis, comme entretemps j'avais lu mon merveilleux livre sur les missionnaires, je me suis dit : «Ma petite chérie, il faut savoir. Ou bien tu te fais religieuse, ou bien tu vas au bal et tu risques de te laisser prendre par l'ambiance. Car tu sais à quel point tu es attirée par les garçons.» Donc, au grand étonnement de ma mère, j'ai systématiquement déchiré toutes les invitations qui nous parvenaient et je ne suis jamais allée au bal, pour ne pas me laisser «piéger» par un garçon. Je n'ai fait qu'une exception : quand je me suis aperçue que ma meilleure amie – qui s'appelait Madeleine comme moi – risquait de ne pas se marier parce qu'elle était trop timide pour aller au bal. Je lui ai donc organisé, avec nos amis communs, un cours de danse – de cinq à sept et non pas le soir, cela passait mieux – et là je me suis beaucoup amusée.

C'est vrai, comme me le rappelait encore récemment une cousine germaine, j'étais plutôt volage à l'époque – coquette, même –, et j'avais un certain succès auprès des garçons. Mais après, il venait toujours un moment où je me disais : « Qu'est-ce qu'il m'en reste à présent ? » Parfois je me sentais écartelée entre mon secret et ce désir de m'amuser et de paraître. Je me souviens encore : en 1927, quand l'aviateur américain Charles Lindbergh a traversé l'Atlantique, la mode était aux chapeaux portant son nom. J'ai fait une scène à ma mère pour qu'elle m'en achète un ! Je l'ai eu. Mais après coup je me suis dit que c'était idiot. Car je savais que ma vérité n'était pas là.

Donc votre goût de l'aventure comme votre désir d'absolu, excluaient le mariage. Vous aviez donc de l'amour humain une vision pas très enthousiasmante ?

Je sais que mes parents étaient très heureux ensemble, mais mon père est mort trop tôt pour que j'aie pu vraiment m'en rendre compte. La première expérience – indirecte – que j'ai eue de l'Amour avec un grand A m'a été fournie par notre gouvernante, mademoiselle Lucie. Avant notre départ précipité de Belgique, elle s'était fiancée

34

avec un gendarme dont elle avait accroché le portrait au-dessus de son lit. Désespérée d'être sans nouvelles de lui, elle avait écrit à la Croix-Rouge qui, après une longue période d'attente, lui avait fait parvenir une lettre dans laquelle le gendarme écrivait : « Je pense à toi et je te suis resté fidèle. Nous nous marierons dès que nous serons réunis. » Alors, là, j'ai vu mademoiselle Lucie se transformer du tout au tout. Elle qui avait toujours eu quelque chose d'un peu mélancolique est devenue souriante et gaie. Elle n'arrêtait pas de nous embrasser et, en nous montrant la photo de son fiancé, elle nous disait qu'il était le plus bel homme du monde. Moi qui n'avais que neuf ans, je regardais ce portrait et je me disais : « Mais il n'est pas beau du tout ! Et elle nous dit qu'il est bon, intelligent et gentil ? Qu'est-ce qui me prouve que c'est vrai ? Jamais je ne pourrais épouser un homme comme celui-là ! » Déjà là, j'avais mis un point d'interrogation.

Plus tard, à Paris, quand le vicaire de Saint-Vincent-de-Paul nous expliqua, au catéchisme, que Jésus-Christ nous avait aimés jusqu'à en mourir et qu'en nous montrant la croix, il disait : « Voilà comment Il a souffert. Pour chacun d'entre nous », cela me parut une épopée autrement plus intéressante. Toute petite fille que j'étais, je me suis tenu le raisonnement suivant : « Le gendarme de mademoiselle Lucie, qu'est-ce qu'il a fait pour elle ? Rien du tout. Est-ce qu'il aurait donné sa vie pour la sauver ? Pas sûr du tout. Alors que Jésus a donné sa vie pour moi. »

Le mariage, pour moi, ça manquait de champagne. Par exemple, ma sœur Marie-Louise, elle, s'est mariée. Je m'en souviens encore : elle s'était rendue à un bal masqué, déguisée en marchande de violettes – elle était mignonne à croquer – et un jeune homme est tombé follement amoureux d'elle. Alors, comme il connaissait la mère d'une des amies de ma sœur, il lui a téléphoné pour annoncer : « Il faut à tout prix que je revoie cette jeune fille car j'ai l'intention de l'épouser. » Maman, mise au courant par cette dame, en a parlé à ma sœur qui a haussé les épaules : « Ce garçon ne m'intéresse pas ! » Ma mère a plaidé sa cause : « Écoute, il veut seulement te revoir » et elle l'a invité à la maison. Je le vois encore : assis au bord de sa chaise, il n'osait pas regarder ma sœur. Moi, j'ai trouvé ça très drôle. L'ambiance ne s'est détendue que quand ma grand-mère a dit : « Alors, jeune homme, quand on est reçu pour la première fois dans une famille, c'est un peu intimidant, n'est-ce pas ? »

Après cette visite, suprême audace, le jeune homme a envoyé des fleurs à ma mère, une immense corbeille de fleurs mauves. Le lendemain seulement, il a fait livrer des fleurs à ma sœur. C'était au mois de mai ; on a commencé à se promener en famille. Les deux jeunes gens devant, nous derrière avec ma mère qui surveillait. Un jour il s'est mis à pleuvoir et il a fallu sortir les parapluies. Difficile de s'abriter sous le même parapluie sans se donner le bras...Voilà comment, au début de ce siècle, naissait l'amour... À moi, il me fallait une relation plus solide, moins éphémère. Et plus passionnante aussi !

L'aventure que vous avez vécue, que vous vivez encore aujourd'hui, ne ressemble pas tellement à celle des missionnaires dont parlait votre livre. Est-ce que vous pensez qu'aujourd'hui vous referiez le même choix ?

Oui, sans aucun doute. Mais pas de la même manière. J'opterais de nouveau pour la vie religieuse. Mais, au lieu de dire : « J'entre au couvent parce que le mariage ne répond pas à ma soif d'aventure », je dirais : « Je me fais religieuse parce que je pense que c'est là ma voie. » Il faut comprendre. N'ayant guère connu ni mon père ni mon grand-père, je n'avais jamais vu de couples qui étaient restés unis longtemps. Depuis, j'ai rencontré des ménages qui ont réussi, à travers quarante, cinquante ans de mariage, à continuer à s'aimer. Maintenant j'arrive à comprendre le prix et la valeur extraordinaires de l'aventure à deux lorsque le couple surmonte l'épreuve du temps. Et c'est merveilleux ! Au fond, il y avait quelque chose de faux dans mon raisonnement. J'étais un peu comme tant de jeunes d'aujourd'hui qui ne veulent pas prendre le risque du mariage. Ce n'est pas la meilleure part de moi qui s'est exprimée là. Je n'en suis pas fière.

Quant à l'aventure, au goût de l'aventure qui m'a accompagnée toute ma vie : il est vrai qu'à la différence des missionnaires de mon livre qui ont surtout connu l'aventure physique et géographique, mon aventure à moi a été d'ordre intellectuel, affectif, spirituel. C'était la découverte de l'homme à la lumière du Dieu de Jésus-Christ, ce qui pour moi explique que je n'aie jamais voulu convertir personne. Parce que je sais que, selon l'endroit de la terre où l'on naît, selon la couleur de sa peau, ses conditions de vie, son sexe, etc., on n'adore pas Dieu de la même manière. Moi, ce que j'ai vécu et ce que je vis encore, c'est la découverte de l'homme, y compris la découverte de moi-même. Mon beau vitrail de sainte, en tout cas, est aujourd'hui en mille morceaux !

Cela dit, l'aventure de ces premiers missionnaires qui ont encouru mille dangers, pour certains jusqu'à la mort, représente toujours pour moi l'image du don de soi tel que l'a réalisé le Christ. Je crois profondément que c'est la vocation du chrétien — et peut-être de l'homme tout court, fût-il athée — d'aimer jusqu'à la mort. Car le vrai amour accepte la mort et le vrai amour est plus fort que la mort. J'ai encore pu le vérifier dernièrement. Dans un service hospitalier où l'on soigne les malades du sida, j'ai rencontré une femme qui a tenu à rester jusqu'au dernier moment aux côtés de son compagnon qui se mourait. Je suis sûre qu'elle l'aime encore aujourd'hui.

IV

Religieuse par rébellion

Bon, inutile de le nier, j'ai été une petite fille impossible. Quelques mois avant sa mort – j'avais donc cinq ans –, mon père, voyant à quel point j'embêtais tout le monde avec mon indiscipline, avait fait une tentative pour me « placer » à l'internat des Dames-de-Marie, au centre de Bruxelles. La nuit, dans le dortoir, j'avais fait un tel scandale, pleurant et vociférant, qu'il avait dû, le lendemain, me ramener à la maison.

Je crois que je suis née avec l'esprit de contradiction. Après la mort de mon père, nous avons vécu pendant quatre ans à Londres, jusqu'à la fin de la Première Guerre mondiale. Il me reste très peu de chose de ces années-là mais je me souviens très bien que je refusais d'apprendre l'anglais, que je refusais d'aller dans une école maternelle, etc. Heureusement, il y avait mademoiselle Lucie pour s'occuper de nous. Mais qu'est-ce que je lui en ai fait voir ! Je me rappelle en particulier un soir d'été où j'ai provoqué un véritable scandale dans les rues de Londres. Nous étions allés nous promener dans un jardin public. Lorsque le soir est tombé, mademoiselle Lucie a dit : « Allez, les enfants, on rentre. » Moi, j'ai rétorqué : « Non, je m'amuse bien. J'ai encore envie de sauter à la corde. » Puis, voyant que mademoiselle Lucie insistait, je me suis cramponnée à un arbre. Alors, mademoiselle Lucie s'est emparée de ma corde à sauter, me l'a passée autour de la taille et s'est mise à me traîner, tandis que je me débattais. Vous imaginez le scandale ! Sur notre passage, les gens criaient, traitant la pauvre gouvernante de bourreau d'enfant !

Même après, à l'adolescence, j'ai souvent été intraitable. Que de scènes j'ai pu faire pour avoir les cheveux courts alors que la mode était aux cheveux longs ! J'ai voulu une bicyclette, je fumais en cachette. Tout y passait. Ma mère – qui était une femme très sérieuse – n'avait de cesse de nous dire, à ma sœur et moi : « Attention, cela ne se fait pas. Une jeune fille de bonne éducation ne fait pas cela. » Cette simple déclaration me donnait aussitôt envie de faire « cela ». Je me fichais éperdument de ce que les autres allaient en penser. De même, quand je voyais l'écriteau « Défense d'entrer », je poussais tout de suite la porte en me disant qu'elle devait donner accès à quelque chose d'intéressant. J'étais fascinée par les livres mis à l'Index contre lesquels notre mère nous avait mis en garde. Je me souviens, alors que j'étais déjà adolescente, qu'à la maison toutes les armoires étaient ouvertes, sauf une. Je l'ai bricolée pendant de longues heures, jusqu'à ce que je trouve une clef s'y adaptant. J'y ai découvert une collection de livres appartenant à mon oncle. Ces livres contenaient des photos de femmes plus ou moins habillées. J'étais enchantée parce que je n'avais jamais vu ça ! Le fruit défendu a toujours eu pour moi un goût particulier.

Ma jeunesse a été un « non » perpétuel. Sans la connaître à l'époque, j'adhérais déjà à la maxime de Marc Aurèle : « L'obstacle est matière à action. » J'étais comme un fleuve en ébullition. En même temps, ce « non » ne me satisfaisait pas. Par exemple, parfois, j'allais en cachette dans les dancings. Cela me donnait quoi ? La satisfaction d'être allée à l'encontre de ce qu'on me proposait et qui me paraissait trop plat. Mais après : un creux, un vide. Maintenant je me rends compte que je disais non parce que la seule valeur que j'avais trouvée était ma propre valeur. En me dressant sur mes ergots, je me valorisais moi-même. Si bien que le jour où j'ai trouvé enfin une vraie valeur, celle de l'Absolu, j'ai eu envie de dire oui. Pour devenir comme un fleuve paisible, paisible comme le Nil que j'ai si souvent contemplé par la suite. Et, l'expérience de ma première communion et du livre de missionnaires aidant, j'ai décidé de dire oui à Dieu et oui à l'homme. À l'homme, c'est-à-dire à des supérieurs. Car n'étant pas une mystique, je n'ai jamais entendu de voix et il m'a semblé que le meilleur moyen pour trouver le chemin éternel vers Dieu était de m'en remettre à une supérieure, quelqu'un qui était investi d'une mission.

Alors, à l'âge de vingt ans – entre-temps ma mère m'avait laissée partir chez une cousine à Londres pour apprendre l'anglais – j'ai annoncé que je voulais entrer au couvent. Ma mère a tout de suite été contre. «Avec ton caractère, tu ne tiendras pas une semaine, m'a-t-elle dit. Tu te rends compte du scandale que cela créera si tu ressors aussitôt ? » Et elle m'a obligée à patienter jusqu'à l'âge de vingt et un ans. Mon directeur de conscience aussi a cherché à m'en dissuader : « Vous ne pensez qu'à vous amuser avec les garçons. Mariez-vous donc avant qu'il ne soit trop tard ! » Rien à faire, ma décision était prise. Une fois de plus, c'était l'attrait de ce que les autres cherchaient à m'interdire. Quand, à vingt et un ans, j'ai atteint la majorité, ma mère a bien dû accepter mon choix. Mais elle a continué à penser pendant très longtemps que je m'étais trompée.

Pourquoi avez-vous choisi comme congrégation celle de Notre-Dame-de-Sion, dont la vocation est le dialogue avec les juifs et l'enseignement ? Ne vouliez-vous plus être missionnaire ?

Si. Il y avait un autre livre qui m'avait beaucoup impressionnée, c'était *Le Père Damien chez les lépreux*, l'histoire de ce prêtre flamand qui a donné sa vie pour soigner les lépreux dans une île du Pacifique. J'ai reconnu là l'absolu qui m'attirait : je voulais me consacrer aux plus malheureux, aux pauvres. Au début j'ai donc voulu entrer chez les Sœurs de la Charité qui, fondées par saint Vincent de Paul, font de l'apostolat auprès des pauvres. Mais quand je me suis rendu compte que leur travail se déroulait principalement dans la rue, je me suis dit qu'avec mon tempérament, il n'était pas souhaitable que je sois trop en contact avec les hommes et les garçons. Alors, pourquoi Sion ? Parce que j'y avais des relations. Ma sœur, Marie-Louise, avait fait ses études au collège Notre-Dame-de-Sion d'Anvers. Et ma cousine, mère Fidélis, chez qui ma mère m'avait envoyée, était précisément supérieure d'un collège Notre-Dame-de-Sion à Londres. C'était un collège pour jeunes filles pauvres, financé par l'autre collège de la congrégation, installé dans un quartier riche. Et quand je dis pauvres, je dis vraiment pauvres. Cela m'a paru exaltant de donner de l'instruction à des gamines pratiquement ramassées dans la rue. De plus, Notre-Dame-de-Sion étant une congrégation semi-cloîtrée, j'ai pu rassurer mon directeur de conscience. Je n'aurais plus la possibilité de fréquenter les garçons !

C'est donc à l'âge de vingt et un ans que je suis entrée, comme postulante, au couvent de Sion, rue Notre-Dame-des-Champs à Paris. Je me souviens encore, comme si c'était hier, du moment où j'ai enlevé ma robe de jeune fille pour endosser la longue robe de la postulante et une espèce de petit bonnet tuyauté avec une bande sous le menton ; le tout était d'un ridicule achevé ! Eh bien, tout d'un coup je me suis sentie libérée d'une façon extraordinaire. Libérée de ma coquetterie, libérée du mâle, libérée du joug de l'argent. Je savais que tous mes problèmes, toutes mes hésitations allaient disparaître. Finis les conflits avec ma mère. Enfin ma vie allait avoir un sens, car désormais je serais au service de l'Absolu. Ce sentiment de libération a fait que je n'ai pas eu le moindre problème d'adaptation. Se lever à cinq heures, coucher dans un dortoir, obéir à la maîtresse des novices, rien ne me pesait. J'aurais même accepté de jeûner si on me l'avait demandé, mais de fait nous mangions très bien. « Une religieuse qui ne mange pas, nous disait-on, risque de devenir un problème pour elle-même et pour les autres. »

Mais ce n'était pas gagné. Devancée, grâce à ma mère, par ma réputation de trublion, je me suis tout de suite heurtée au scepticisme de mère Marie-Alphonse, la maîtresse des novices. Dès le premier soir, j'ai eu une altercation avec elle dont elle m'a avoué plus tard qu'elle l'avait provoquée, dans l'espoir de me décourager et me faire partir le plus vite possible avant que cela ne devienne trop douloureux. M'ayant entendue publiquement protester contre le fait qu'on n'autorise pas les postulantes à lire la Bible, elle m'a obligée à effectuer un chemin de croix où, à chaque station, je devais répéter : « Seigneur, je suis un zéro. » Mais j'étais trop heureuse pour me laisser décourager par cette vexation. De plus, quand mère Marie-Alphonse – qui, par la suite m'a beaucoup aidée – a vu que, dans la salle à manger, je racontais des histoires qui faisaient rire tout le monde, elle s'est opposée à mon entrée. Mais, comme le veut la coutume, il y a eu un vote du conseil, sorte de directoire des religieuses, à l'issue duquel on m'a acceptée. Et là, tout à coup, je me suis sentie vraiment comblée. J'avais trouvé ce que je cherchais : on nous formait à l'amour. Apprendre à aimer, cela veut dire penser plus à l'autre qu'à soi-même. Chercher la gloire de Dieu, sanctifier le nom de Dieu, cela signifie se débarrasser de tout ce qui est égoïste, éphémère et relatif pour pouvoir, à chaque instant, voler au secours des autres.

Postulante pendant six mois, puis novice pendant un an et demi : pour moi ça a été un apprentissage de ma nouvelle vie tout à fait passionnant. Quand, deux ans plus tard, le 10 mai 1931, j'ai prononcé mes vœux, j'ai remplacé mon nom de Madeleine – Madelon pour les intimes – par celui d'Emmanuelle, « Dieu avec nous ».

Bien entendu, je n'ai pas changé de caractère. Frondeuse, je le suis toujours restée. Plus de vingt ans plus tard, à Istanbul, je me suis opposée à la supérieure du lieu qui exigeait de la part des élèves une discipline qui me paraissait ridicule : ne pas parler dans les rangs, porter le chapeau de Notre-Dame-de-Sion à l'extérieur, etc. J'étais en perpétuel conflit avec elle parce que je refusais de gronder mes filles pour des histoires de chapeau. Alors elle a demandé à sa supérieure de Paris qu'on m'affecte à un autre collège. Maintenant je me rends compte que j'avais tort. Ma passion de vivre sécrète parfois l'antagonisme. Je me suis montrée trop entière. Je n'ai pas su y mettre le ton.

Prononcer ses vœux, cela veut dire s'engager à la pauvreté, à la chasteté et à l'obéissance. J'imagine que le dernier de ces vœux ne vous a pas été très facile ?

Depuis le début de ma vie religieuse – c'est-à-dire depuis plus de soixante-cinq ans – j'ai dit non trois fois parce que c'était ma conscience qui me dictait de dire non. Ce qui est d'ailleurs parfaitement admis par la règle. Le vœu d'obéissance a comme limite la conscience de chacun. N'empêche que, dans la vie religieuse, refuser d'exécuter l'ordre d'un supérieur est ressenti comme un acte grave du fait qu'on renie le serment qu'on a prononcé. Concrètement cela signifie : « Je dis non et je sais que vous avez le droit de me mettre à la porte. »

La première fois que j'ai dit non n'était pas bien grave. On a pu s'arranger. C'était à Istanbul. En tant que responsable de l'« école pauvre », j'avais refusé de faire travailler comme professeur de gymnastique une personne qui n'y connaissait rien mais qui était recommandée par la directrice, soutenue par ma supérieure. Le conflit a duré plusieurs mois. À la fin, lors d'une de ces visites, la supérieure générale m'a donné raison. Après coup, je me suis reproché de m'être trop emportée dans cette affaire.

La deuxième fois, il s'est vraiment agi d'un cas de conscience et j'ai failli quitter la congrégation. C'était à Alexandrie, en 1965. En tant que professeur de lettres, j'avais dans ma classe des jeunes filles de la haute bourgeoisie complètement indifférentes à la pauvreté qui nous entourait. J'en ai eu assez et j'ai écrit à ma supérieure générale pour lui dire que je n'étais pas devenue religieuse pour enseigner Voltaire, Rousseau et Camus aux classes favorisées mais pour ouvrir le cœur de mes élèves au partage avec les autres. J'ai ajouté que, n'ayant pas réussi à leur faire comprendre cet idéal, je refusais de reprendre cette classe à la rentrée. Ma supérieure locale n'y comprenait rien. Elle estimait que j'étais un bon professeur et qu'en tant que telle, il était inconcevable que je refuse d'enseigner. Je lui ai demandé de m'affecter à la petite école pauvre du collège. Elle a dit non. Et moi : « Tant pis, vous me mettrez à la porte ! » À plus de cinquante ans, ce n'était pas une mince affaire ! Cela s'était passé au mois de mai. Or, comme chaque année nous renouvelons nos vœux le 8 septembre, j'avais demandé à la supérieure générale de notre congrégation, à Rome, de me répondre avant cette date au cas où je n'aurais pas à les reprononcer. La réponse est venue au dernier moment : on acceptait mon transfert à la petite école à condition que je continue à donner quelques cours au collège. J'ai acquiescé : « D'accord, mais je n'y passerai pas ma vie ! » Je ne croyais pas si bien dire !

Je reconnais que Pascal a raison quand il recommande de faire quelques pas avec son adversaire avant de s'opposer à lui. Je pense qu'avec le temps j'ai pu faire quelque progrès dans ce domaine. Mais dans l'affaire d'Alexandrie je n'aurais jamais cédé. Ma conscience me l'interdisait. Quant à mon troisième « non », je préfère ne pas en parler Il y a trop de personnes concernées et cela s'est bien terminé.

V

Le temps de la maturité

Avant de prendre ma décision d'aller au couvent, j'avais envisagé de poursuivre des études. Ma mère avait refusé. Après avoir prononcé mes vœux temporaires, en 1931, ma supérieure générale m'a proposé de préparer une licence de philosophie à la Sorbonne. Je n'ai pas voulu. Toujours cet esprit de contradiction, pourrait-on dire. Mais dans ma logique, ce refus était parfaitement cohérent. Comme je l'ai expliqué à mère Gonzalez, j'étais devenue religieuse pour m'occuper de l'enfance malheureuse. Or les pauvres vont rarement plus loin que l'école primaire, je pouvais donc me mettre au travail tout de suite. J'avais passé à Bruxelles, en cours du soir, après mes « humanités » de l'enseignement secondaire, l'équivalent du baccalauréat de philosophie. Ce qui, à l'époque, suffisait pour être institutrice stagiaire, au moins à l'étranger.

Mais où pouvait-on m'envoyer ? Ma congrégation avait fondé un peu partout dans le monde des collèges dont le but était, à l'origine, d'instruire les filles des juifs convertis mais qui étaient devenus de plus en plus des pépinières de culture occidentale s'adressant à l'élite du pays. Parmi ces établissements, il y en avait plusieurs qui, à l'instar du collège de Londres où je m'étais tant plu, entretenaient, dans leur jardin ou de l'autre côté de la rue, une « petite école » pour les enfants pauvres. C'était le cas de celui d'Istanbul : au collège principal il y avait trois cents élèves, filles de pachas, et de la bourgeoisie de la ville, musulmanes, juives, orthodoxes. Et dans la « petite école » – gratuite – se retrouvaient les enfants, en majorité misérables et chrétiens des minorités grecques et arméniennes. C'est à cette école qu'on m'affecta.

Pendant trois ans j'y ai été fantastiquement heureuse, habillant mes petits, les soignant, les chouchoutant, les instruisant avec l'aide d'une institutrice titulaire et chevronnée. Comme je l'ai déjà dit : quoi de plus beau que d'aider à s'éveiller à la vie de tout petits enfants ? L'enseignement est vraiment la voie la plus directe pour mettre debout un petit d'homme. Surtout si on le conçoit sous la forme que nous a transmise le grand Socrate : la maïeutique, en vertu de laquelle l'enseignant doit aider l'élève à « accoucher » des potentialités qu'il porte en lui. C'est cela qui m'a passionnée pendant la quarantaine d'années où j'ai exercé ce métier : ne jamais imposer mes connaissances et mes idées à moi, mais aider les élèves à découvrir et à se faire une opinion par eux-mêmes.

La petite école n'avait qu'une minuscule cour et pas de jardin. Pour nous faire prendre l'air, mère Elvira, la supérieure de la communauté, m'avait autorisée à emmener mes bambins, le dimanche, dans la propriété qu'elle avait achetée au bord du Bosphore. Les vieilles religieuses lui disaient : « Est-ce bien prudent, une toute jeune sœur qui va dehors si souvent ? » Mère Elvira me défendait toujours : « Laissez-la, ça lui fait du bien de s'amuser avec les enfants. »

Les enfants faisaient des progrès et, à la fin de l'année, mère Elvira, ayant besoin de forces vives pour le collège, m'a demandé de « traverser la rue ». Je l'ai priée de me laisser encore un an à la petite école. L'année suivante elle est revenue à la charge en me disant : « Vous ne pensez pas que c'est important de préparer ces jeunes filles qui, plus tard, feront partie des classes dirigeantes à mieux comprendre les réalités de leur pays ? » Entre-temps, j'avais attrapé une terrible typhoïde qui m'avait presque amenée aux portes de la mort. Ma mère était venue de Bruxelles pour me soigner et plusieurs sœurs de la communauté avaient donné leur sang pour moi. Cela m'avait secouée, si bien que pendant ma convalescence je me suis remise en question. J'ai donc accepté la proposition de ma supérieure, à condition qu'on me laisse la possibilité de jeter un pont entre ces filles de pachas et le monde qui les entourait.

Et vous avez réussi ? Il faut le croire puisque vous avez passé en tout vingt-trois ans à Istanbul, de 1931 à 1954 – l'essentiel de votre carrière d'enseignante –, et plus tard vous y êtes retournée pendant quatre ans.

Oui, d'après ce que me disent mes anciennes élèves, je crois que j'avais réussi à leur ouvrir les yeux sur le monde. J'ai vraiment beaucoup aimé ce métier. Il faut dire que je me suis sentie là-bas très soutenue par mère Elvira. Elle m'a énormément marquée. C'est un peu grâce à elle que je cherche toujours le côté positif des choses et des gens. Elle avait de ces phrases qui ne m'ont jamais quittée. Par exemple : « Quand on vous dit du mal de quelqu'un, mettez un point d'interrogation. Cherchez à vérifier. Par contre, si on vous en dit du bien, soyez tranquille, vous pouvez être sûr que c'est vrai. » Elle ne refusait jamais de recevoir quelqu'un, surtout si c'était un pauvre.

Mère Elvira était une femme extraordinaire. Elle incarnait une autorité que nous aimions, car elle tenait toujours compte de ce qui était bien pour chacune d'entre nous. Pourtant, elle aussi m'avait demandé, quelques mois avant que je prononce mes vœux perpétuels – c'est-à-dire en 1937, soit, selon l'usage, six ans après les vœux temporaires : « Vous êtes sûre que vous pourrez vous adapter à la vie religieuse ? Vous êtes tellement vivante ! » Je lui avais répondu que j'étais comblée par cette vie, que j'aimais tout, la maison, la prière, la compagnie des vieilles sœurs. La mort de mère Elvira, en 1938, d'une crise cardiaque, a été pour moi un choc terrible, presque aussi grave que celui causé par la mort de mon père. Je n'avais que vingt-neuf ans. Je savais que désormais je serais obligée de devenir adulte. Et je me suis beaucoup moins bien entendue avec celles qui lui ont succédé.

Qu'est-ce que j'ai fait pour jeter un pont entre riches et pauvres ? Eh bien, pour commencer, j'ai emmené mes élèves faire des enquêtes sociales dans les quartiers pauvres de la ville. Pour moi c'était essentiel. Le Christ l'a dit : Il est venu pour les pauvres, les malades et les pécheurs et Il a vécu avec eux. Moi, cela me gênait de si bien manger tous les jours et j'avais demandé à la supérieure générale de la congrégation l'autorisation de m'installer dans un bidonville, mais elle avait refusé. À l'époque, les religieuses vivaient dans les couvents. Cela, c'était ma motivation personnelle. Pour mes élèves, dont très peu étaient chrétiennes – mère Elvira nous avait expressément interdit de mentionner devant elles le Christ –, il me semblait important de leur faire connaître la réalité de leur pays et notamment de ces quartiers pauvres – enfin, relativement pauvres seulement, car on n'y voyait pas le quart de la misère que j'ai découverte par la suite en Égypte. Le vrai choc de la pauvreté, je ne l'ai connu que plus tard...

Nous nous rendions régulièrement dans un orphelinat où chaque élève avait adopté deux enfants qu'elles traitaient comme des petits frères en leur donnant des bonbons et des jouets achetés avec leur argent de poche. Une fois par mois aussi, nous allions dans un hospice où chacune s'occupait de deux vieillards. J'avais voulu aller chez les lépreux, mais à l'époque on n'avait pas le droit de pénétrer dans leurs colonies. On leur préparait donc, au moment des fêtes, des colis et de petits mots. Nous y prenions beaucoup de plaisir. Mes élèves avaient entre dix-sept et dix-neuf ans. J'en avais à peine dix de plus. J'étais pour elles plus l'amie que la « bonne sœur ». Nous échangions des livres, des revues. Férues de culture française, elles dévoraient tout ce que je pouvais leur apporter. C'est merveilleux de voir l'intelligence s'ouvrir pour faire sienne une idée qu'elle absorbe, comme du pain se transformant en chair et en sang. Mais je n'assenais jamais rien. Je supportais même plutôt mal qu'elles soient du même avis que moi ! C'était vraiment la maïeutique de Socrate !

L'aventure dont certaines se souviennent encore et qui reste le plus beau souvenir de ma carrière d'enseignante, c'est un certain 1er Mai – jour férié pour le collège mais pas pour la société civile turque –, quand je les ai emmenées travailler dans une usine. C'était dans une filature appartenant au père d'une de mes élèves. Comme les ouvrières, nous avons embobiné de la laine toute la journée, arrêtant la machine quand le fil cassait, debout sans arrêt dans une chaleur étouffante : nous avons eu du mal à tenir le choc. À midi nous avons mangé au réfectoire avec les ouvrières et le soir nous avons touché le salaire de la journée que nous avons immédiatement reversé aux différentes œuvres que nous avions créées. Il y a quelques années, de passage en Allemagne pour une série de conférences, j'ai retrouvé la fille d'une famille pauvre dont nous avions payé les études. Elle m'a dit que c'était grâce à moi, grâce à nous que son frère et elle avaient aujourd'hui une bonne situation. C'est toujours ça de gagné !

Pendant toutes ces années où vous avez résidé à Istanbul, la Turquie a vécu la révolution d'Atatürk, qui avait une forte coloration laïque mais aussi nationaliste. Cela ne devait pas être très facile de travailler dans un collège fondé par une congrégation d'origine française ?

Non, en effet. Par exemple, lors des grandes fêtes, le collège avait pris l'habitude de décorer la grande salle de drapeaux français. La première fois que j'ai vu ça, je suis allée voir mère Elvira en protestant : « De qui se moque-t-on ? Il faudrait les remplacer par des drapeaux turcs ! » Elle m'a répondu : « Doucement, doucement, ma petite Emmanuelle. Vous avez raison. Mais pour habituer la communauté au changement, on va commencer par ajouter un ou deux drapeaux turcs. »

J'ai très rapidement commencé à étudier le turc. Pour moi, c'était la moindre des choses, quand on vit dans un pays, d'en apprendre la langue. Mais ce n'était pas très bien vu, car les parents des élèves eux-mêmes demandaient que nous interdisions l'emploi du turc au collège, puisqu'elles étaient là pour apprendre le français !

Le plus cocasse a été l'épisode du costume. Nous portions à l'époque un costume très beau mais pas pratique du tout, composé d'une longue robe noire, d'une cornette à bande blanche et d'un voile noir plus une pèlerine. Or, en 1935, Atatürk avait décidé, dans le cadre de la laïcisation qu'il avait imposée au pays dans le but de se débarrasser de l'influence des imams et des cheiks qui exploitaient le peuple, de proscrire le costume religieux. Mais ses trois filles adoptives étaient élèves chez nous ! Alors il a fait dire à mère Elvira qu'il était obligé de nous soumettre au même régime mais qu'il espérait que, vu notre bonne et excellente influence, ce ne serait pas une raison pour nous de quitter le pays. Vous pensez, quitter le costume religieux ! Le conseil de la congrégation – qui avant la réforme de 1964 se trouvait encore à Paris – a dit : « Mieux vaut quitter le pays ! » Mère Elvira – qui était une battante – a dû se rendre à Rome, auprès des cardinaux de la congrégation des religieux, pour défendre notre apostolat et notre mission. Avec succès. Elle est revenue en disant : « On reste et on va se mettre en civil. Mais attention, pas de vanité ! » Alors, il a fallu trouver soixante robes de couleurs différentes pour soixante religieuses de toutes les tailles, car il ne fallait pas refaire un uniforme... La coupe des vêtements était épouvantable ! Nous avons bien ri.

Cela dit, mère Elvira – qui était française à cent pour cent – s'est beaucoup battue pour s'opposer aux lois qui, peu à peu, ont cherché à imposer l'emploi du turc dans toutes les matières, alors que nos élèves maîtrisaient à peine cette langue. Je crois d'ailleurs qu'elle est morte pour avoir défendu la culture française, car c'est la veille de la visite au collège de l'ambassadeur de France, à propos de laquelle l'inspecteur d'académie avait exprimé son désaccord, qu'elle a eu son attaque. C'était juste avant la Seconde Guerre mondiale, qui pour nous a été une période étrange ; nous étions pratiquement sans nouvelles d'Europe, hormis quelques lettres, qui, passées par la censure, nous apportaient un écho affaibli et faux de la situation. Notre supérieure de l'époque était très pétainiste et nous ne lisions pas la presse turque qui, de toute façon, était favorable aux Allemands. Quand, en 1945, nos familles ont enfin pu nous dire la vérité, ça a été un vrai choc. Prises de remords, nous avons envoyé plein de colis, mais en même temps tout cela paraissait loin. Entre-temps, j'avais demandé aux supérieures de Paris l'autorisation de solliciter la nationalité turque. On m'avait répondu qu'il « ne fallait pas que je me laisse emporter par mon imagination ». C'est pourtant l'imagination qui a gagné. Aujourd'hui j'ai le passeport égyptien !

VI

Le pari de Pascal

Aujourd'hui je me rends compte que ce sont ces longues années vécues à Istanbul qui ont jeté les bases de mon expérience ultérieure dans les bidonvilles du Caire. Sur le plan intellectuel, d'abord. Issue d'un milieu catholique bien-pensant et entrée au couvent à vingt ans, je n'avais pratiquement jamais eu l'occasion de parler avec des non-catholiques et des non-chrétiens. Mais, curieuse de tout et très réceptive, je dévorais tous les livres qui me tombaient sous la main, entre autres sur le grand schisme d'Orient : après tout, nous étions à Constantinople ! Je me souviens encore du scandale que j'ai suscité auprès de mes collègues religieuses le jour où, durant la récréation, j'ai pris la défense de Photius, un théologien byzantin du IXe siècle. Précurseur de l'orthodoxie, il avait osé critiquer le pape Nicolas Ier pour son manque de compréhension à l'égard des chrétiens orientaux. Moi, ayant lu un livre sur lui, j'avais trouvé que c'était un homme de valeur. Pour mes collègues, ce n'était qu'un dangereux schismatique. Et puis, plus tard, quand j'ai accompagné un groupe d'élèves au Phanar, haut lieu du patriarcat grec orthodoxe, pour prier sainte Euphémie qui avait été martyre avant la division entre l'Orient et Rome, cela a provoqué un nouveau scandale, car il était formellement interdit à un catholique d'entrer dans une église d'une autre obédience. N'oublions pas que le concile Vatican II, avec son ouverture aux autres religions, était encore loin. À cette époque-là, tout était ou noir ou blanc. Aujourd'hui, grâce à Dieu, l'œcuménisme a fait des progrès très importants. L'an dernier, j'ai participé à la rencontre d'Assise où l'on a vu discuter des représentants de toutes les grandes religions du monde. C'était merveilleux !

Au début, d'ailleurs, j'étais moi-même plus ouverte aux autres cultures qu'aux autres religions. Bien sûr, mère Elvira avait eu soin de m'expliquer qu'il était essentiel que nous montrions du respect pour les autres confessions et religions. Et pour cause ! Nous vivions entourés d'une population composée à quatre-vingt-dix pour cent de musulmans, d'un certain nombre de juifs et d'une toute petite minorité de chrétiens, parmi lesquels une poignée de catholiques. Mais, sur le plan de la conviction intime, j'étais encore plus ou moins dans la perspective « hors de l'Église point de salut ». Catholique, apostolique et romaine, j'étais

sur le bon chemin pour aller vers l' ernité bien-
heureuse. Et ceux qui n'étaient pas omme moi,
eh bien, dommage pour eux : ils r'étaient pas
méchants mais ils n'étaient pas sur la bonne voie ;
ils étaient, comme on le disait avant, « dans une
funeste erreur ».

Le premier qui m'a fait accéder à une autre
réalité fut mon professeur de turc, un musulman.
En discutant avec lui, je me suis aperçue que cet
homme avait quitté un emploi très lucratif parce
qu'il avait craint que, s'il était resté, on l'oblige à
des actes contraires à sa conscience. Cela m'a
drôlement secouée. Puis, à l'âge de vingt-cinq
ans, j'ai commencé des études de philosophie à
l'université d'Istanbul. Déjà, à Bruxelles, j'adorais la philosophie. J'ai toujours eu besoin de
comprendre, de réfléchir. De plus, si je voulais
enseigner dans les classes terminales, la licence
m'était nécessaire. À l'université, je me suis trouvée
en contact avec des professeurs juifs et musulmans
d'une valeur intellectuelle et religieuse époustouflante. Pour la jeune fille que j'étais, venant d'un
milieu plutôt fermé, ce contact a été un véritable
choc. Comment ? J'étais là en face d'hommes non
chrétiens dont la valeur était au moins égale à
celle de certains catholiques pour lesquels je nour-
rissais la plus haute estime, alors qu'on m'avait
toujours dit que c'était la religion, la foi qui
conférait leur valeur aux hommes ? Je me suis
mise à réfléchir : y a-t-il vraiment une religion
plus vraie que les autres ? Et pourquoi est-ce que

je suis catholique, moi ? N'est-ce pas tout bonnement parce que mes parents étaient catholiques ? De plus, je me suis souvenue avec une certaine émotion que ma grand-mère paternelle dont le père s'était converti pour pouvoir épouser une catholique s'appelait Dreyfus. Alors je me suis lancée avec frénésie dans l'étude de Mahomet, de Bouddha, du Talmud : il n'y avait pas plus de preuves de l'existence de Dieu que dans la Bible. J'ai cherché un sens à la vie chez les philosophes. Je n'en ai pas trouvé. Chez Camus, Sartre et tous les autres, il y avait des doutes, des interrogations, pas de clarté. J'ai vécu ainsi dans l'impasse pendant assez longtemps, me cramponnant à cette petite phrase de l'apôtre Pierre, dans l'Évangile : « Seigneur, vers qui irions-nous ? »

À Istanbul, travaillant pour mon certificat de philosophie, j'ai vraiment connu le doute. De fait, je n'ai réellement trouvé la réponse qu'à la fin des années cinquante, quand, vivant en Tunisie, j'ai poursuivi mes études par correspondance à la Sorbonne et que j'ai eu la chance de tomber sur Pascal. Pascal et son pari qui me disait : il n'y a pas de preuve définitive de Dieu. Alors, soit tu renonces à croire – et tu sais que c'est douloureux –, soit tu fais le pari que Dieu existe et, si tu te trompes, tu ne risques rien. En somme, c'est Pascal qui a offert à ma raison la possibilité de continuer le chemin que j'avais choisi. C'était une réponse raisonnable qui, en même temps, me repropulsait à la suite du Dieu-amour pour lequel j'avais opté étant jeune. J'ajoute que cette évolution ne s'est pas faite du jour au lendemain. Istanbul n'était que la première phase d'une réflexion qui, au contact d'amis et de connaissances de toutes les religions rencontrées aux quatre coins du monde, a duré au moins trente ans.

Êtes-vous arrivée à la conclusion que toutes les religions se valent et que le fait d'adhérer à l'une ou l'autre n'est qu'une question de milieu social et de géographie ?

Non, tout ça c'est du pipeau. Je pense qu'effectivement chaque religion peut apporter à l'homme de bonne volonté le chemin vers Dieu – puisque Dieu a permis que ces différences existent –, mais je ne suis absolument pas d'accord pour dire, comme on l'entend si souvent aujourd'hui : « Jésus-Christ, Bouddha, Mahomet, qu'on soit disciple de l'un ou l'autre, c'est pareil. » Pour moi, il y a une vérité absolue à laquelle je tiendrai jusqu'à ma mort, c'est que Jésus-Christ est le Fils de Dieu devenu homme. J'ai une grande admiration pour Bouddha. Je trouve en particulier que le Bouddha de la compassion est très beau, mais je ne crois pas en lui. Je trouve que Mahomet – dont j'ai lu toute la vie – était un homme tout à fait remarquable, mais je ne crois pas, comme le font les musulmans, que Dieu lui a envoyé l'encre et le papier pour écrire le Coran sous sa dictée. Non, ce n'est pas parce que je reconnais la très haute valeur de tant de bouddhistes, musulmans, juifs et athées que j'ai rencontrés dans ma vie que je dis que toutes les religions se valent. Simplement, avant, quand j'étais plus jeune, je pensais avoir le monopole de la vérité du fait que j'étais catholique. Aujourd'hui, je sais qu'il y a « beaucoup de demeures dans la maison du Seigneur ».

Ce n'est pas très facile à expliquer. Nous sommes sur un terrain à la fois sensible et subtil. Je crois que le meilleur terme pour traduire l'évolution qui a été la mienne est celui de « glissement ». Aujourd'hui, j'ai l'impression que les cloisons rigides qui séparaient mon esprit en plusieurs compartiments ont sauté. Disons que maintenant je pense que, pour accéder à la vérité, plusieurs chemins, plusieurs pèlerinages sont possibles ; ce n'est pas la religion qui fait l'homme. Je suis arrivée à la conclusion toute bête, toute simple que la valeur de l'être humain ne dépend ni de sa religion, ni de sa culture, ni de sa couleur de peau mais de son cœur. Autrement dit : quand je rencontre quelqu'un, je ne me demande plus : est-ce qu'il va à la messe, quelle est sa profession ? À la limite, cela ne m'intéresse pas. Ce qui m'intéresse, c'est de savoir quel est le comportement quotidien de cet homme. Quelles relations entretient-il avec ses proches ? Sait-il sortir de lui-même ? Connaît-il la fraternité ? En Égypte on voit parfois des ouvriers qui, assis au bord du chemin pour casser la croûte, interpellent le mendiant qui passe et lui proposent de partager. Il m'a fallu des années pour comprendre que l'important, finalement, c'est l'homme.

Ce n'est pas seulement un glissement, c'est un retournement qui m'a fait passer d'une religion axée sur Dieu et Jésus-Christ à une religion de l'homme, du Christ et de Dieu. La seule chose que je dois ajouter, c'est que moi, sœur Emmanuelle qui suis une personne fragile, j'ai besoin, pour sortir de moi-même, de Jésus-Christ. Chaque matin je le rencontre et je m'interroge : où en suis-je de mon amour pour les autres ? Je pense que si j'étais restée juive comme mon arrière-grand-mère, c'est dans cette religion-là que j'aurais trouvé la force et la lumière pour aller vers Dieu.

Ce respect que vous ressentez pour les autres religions a-t-il toujours été compris ? Dans tous vos séjours à l'étranger, ne vous a-t-on jamais demandé – ou, au contraire, soupçonnée – de faire du prosélytisme ?

Ma congrégation, Notre-Dame-de-Sion, fut créée en 1849 par un juif converti, Théodore Ratisbonne, dans le but d'aider les juifs à découvrir, tout en respectant leur conscience, la vérité du christianisme – les juifs adultes, s'entend, à la rigueur les orphelins, jamais les enfants sans l'accord de leurs parents. L'Église a toujours eu cette position. J'ai trouvé des documents du XVIe siècle où, déjà, les papes rappelaient aux missionnaires que les enfants appartiennent à leurs parents. Aujourd'hui, ma congrégation qui, depuis les années cinquante, est passée de deux mille à neuf cents membres sur les cinq continents, se consacre plus spécifiquement à l'amélioration du dialogue entre les religions et les nationalités, en particulier entre les juifs et les chrétiens. Pour leur permettre de combattre le fanatisme, nous demandons aux jeunes religieuses de faire des études très poussées. Mais, comme je l'ai dit, déjà, à Istanbul, la supérieure nous avait formellement interdit de parler de Jésus-Christ aux élèves juives et musulmanes du collège. Elle nous demandait de « transpirer le Christ », de faire en sorte que les musulmanes, en nous quittant, soient meilleures musulmanes tout en restant ouvertes au dialogue avec les chrétiens et les juifs, car au collège les amitiés ne s'occupaient pas de la religion. Les chrétiennes pouvaient suivre des cours de religion après la classe.

Plus tard, au Caire, il est arrivé une ou deux fois que des chiffonniers musulmans me demandent de les préparer au baptême. J'ai toujours refusé. Autant je parlais tranquillement de Dieu avec tous mes voisins, autant il était impossible de parler du Christ avec les non-chrétiens. Chaque fois que je voyais un enfant musulman qui se glissait dans les cours que je donnais aux enfants chrétiens, je lui disais de sortir. Convertir un musulman, surtout dans un pays musulman, c'est le suspendre entre ciel et terre, le couper de son milieu, parfois carrément le condamner à mort. Mais il est vrai que mon attitude n'a pas toujours été comprise.

Certains Cairotes chuchotaient que, sous prétexte de travail social, la « femme grise » dont parlaient les médias de l'Occident cherchait à catéchiser et à baptiser les enfants des chiffonniers musulmans. À trois reprises il y a même eu dans la presse islamiste des articles m'accusant de me livrer à des activités de prosélytisme et d'espionnage. Je crois qu'il leur était impossible de comprendre que je m'étais installée dans le bidonville pour aimer les chiffonniers et les enfants tels qu'ils étaient. D'ailleurs, j'ai su bien plus tard qu'un jour où la police était venue enquêter dans le bidonville auprès des musulmans, ceux-ci lui avaient répondu : « Pourquoi voulez-vous du mal à " Ma Sir ", à " Sir Immanuil " ? Prenez qui vous voulez, mais elle, ne la touchez pas, elle est la seule qui nous aime vraiment ! » J'ai été très heureuse en apprenant cela.

VII

Les fruits de l'échec

L'étape suivante a certainement été la plus difficile et la plus pénible de toute ma vie. En 1954 j'avais dû quitter la Turquie, que j'adorais et dont j'avais appris à parler et à écrire la langue, à cause de mon conflit ouvert avec la supérieure locale, une femme qui n'avait jamais quitté la France et qui était sans doute trop jeune pour pouvoir supporter mon esprit frondeur. Pour nous « libérer » toutes les deux, la supérieure de Paris avait décidé de m'envoyer à notre collège de Tunis, dirigé par la supérieure provinciale, une femme de la trempe de mère Elvira et qui connaissait bien l'Afrique du Nord.

Une réputation de bonne enseignante m'avait précédée. À Istanbul j'avais en effet obtenu d'excellents résultats avec des élèves de seize, dix-huit ans qui, sans savoir un mot de français au départ, s'exprimaient très correctement au bout de trois ans. On m'a donc fait l'honneur de me nommer professeur titulaire de deux classes en même temps – non pas, comme en Turquie, des grandes élèves mais des jeunes filles de treize, quatorze ans. Notre « clientèle », à Tunis, était en effet en majorité de nationalité française – des filles de colons, quelques musulmanes seulement et, n'ayant pas encore obtenu mes diplômes universitaires, je n'avais pas le droit d'enseigner dans les classes supérieures.

Je me souviens comme si c'était hier du jour de la rentrée. Les deux classes étaient séparées par une porte. Des deux côtés de cette porte, j'ai vu arriver trente ou quarante petites bonnes femmes qui rigolaient, qui se poussaient en criant, me narguant du coin de l'œil. J'étais complètement affolée : je n'avais jamais vu ça ! Je n'avais jamais connu de chahut. Les jeunes filles orientales sont beaucoup plus calmes, presque soumises. Alors, pour obtenir le silence, je me suis mise à crier. Moi, « mère Emmanuelle », comme on m'appelait depuis mes vœux perpétuels, une femme de quarante-cinq ans, élevée par une mère qui m'avait appris qu'une jeune fille comme il faut ne crie jamais ! C'étaient des jeunes filles intelligentes, vives, du vrai mercure, mais un certain nombre d'entre elles n'avaient aucune envie d'étudier. Dans une classe de trente, il suffit qu'il y en ait dix qui ont envie de chahuter pour que, si on n'arrive pas à les faire taire, il n'y ait plus de discipline. Elles ont tout de suite compris que je ne maîtrisais pas la situation et elles ont pris l'habitude de me poser

70

des questions bêtes, du genre : « Ça veut dire quoi, ce mot en français ? Je ne comprends pas ! » Et toute la classe d'éclater de rire. Parfois, excédée, je leur disais : « Vous demanderez à votre maman la signification de ce mot. » Alors, l'élève de me riposter, la bouche en cœur : « Ah non, ma maman, elle dit que c'est la maîtresse qui doit l'expliquer ! » C'était infernal. Et entièrement de ma faute. Les autres enseignantes n'avaient pas le moindre problème de discipline. Chaque fois que je prenais la succession d'une de mes collègues, patatra ! Les élèves devaient se dire entre elles : « Chic, on va s'amuser maintenant avec sœur Emmanuelle ! » et il ne se passait pas trois minutes sans que ce fût le chambard. Pour elles mes cours étaient devenus une sorte de récréation permanente.

Dans une classe où il n'y a jamais le silence, les élèves ne travaillent pas. S'il n'y a pas un minimum d'attention, toutes les méthodes éducatives tombent à plat. Voyant les résultats, les parents venaient se plaindre auprès de la supérieure. Celle-ci m'appelait, nous confrontait. Il n'y avait rien à faire. Chaque fois j'étais furieuse et humiliée de m'être mise en colère avec les élèves ; j'étais épuisée, je n'arrivais plus à dormir. Je me sentais humiliée parce que les autres sœurs avaient pitié de moi et que je déteste la pitié. Voyant mon état de fatigue, la supérieure m'autorisa à me lever une demi-heure plus tard que les autres sœurs, c'est-à-dire à cinq heures trente. Mais j'étais à bout de forces. Le climat chaud et humide – beaucoup plus chaud et humide que celui de Turquie – me minait. Je n'avais pas de chambre. Mon lit était dans une salle de classe. Dans la journée, je me réfugiais à la bibliothèque dont je fermais la porte à clef pour pouvoir dormir pendant une heure. Je n'avais plus qu'une idée en tête : tenir le coup, c'est-à-dire arriver tant bien que mal à faire ma classe, corriger les copies, terminer la journée et arriver à me lever le lendemain. Seuls les offices – l'eucharistie le matin, la lecture du bréviaire et les cantiques le soir – m'apportaient un peu de calme. Et j'aimais bien les repas, qu'à l'époque on prenait en silence pendant que l'une d'entre nous lisait des extraits des vies des saints et des grands fondateurs et fondatrices.

Cette expérience a duré trois ans. À la fin, la supérieure ne me disait plus rien. Elle savait qu'en dépit des plaintes des parents, je ne pouvais rien changer ni à mon comportement ni à la situation. De plus, elle avait bien d'autres soucis : à l'époque nos communautés comptaient en moyenne soixante sœurs, âgées de vingt-cinq à quatre-vingts ans, et où chacune avait son caractère et ses problèmes. Les autres sœurs étaient gênées vis-à-vis de moi. Elles m'aimaient bien mais elles ne savaient plus par quel bout me prendre.

Pendant toute cette période, j'avais de plus en plus l'impression de me trouver sur des sables mouvants. Plus je me débattais et plus je m'enfonçais. Pourquoi ? Parce que, en me débattant, je me fatiguais et j'en voulais à moi-même et aux autres, créant ainsi un climat désagréable pour tous. J'étais engagée dans une lutte stérile. Moi qui jusque-là avais été victorieuse dans tous mes combats – contre moi-même et contre ceux qui ne voulaient pas que j'entre au couvent ; moi qui, tout doucement, pensais que mon vitrail de sainte était en train de prendre forme et qui commençais à croire à la réussite de ma vie ; moi qui me croyais une maîtresse femme, voilà que, tout à coup, je m'apercevais que je n'étais plus maîtresse de rien du tout. Ma personnalité avait disparu. J'étais tout simplement à bout. J'ai vécu là le désert de la solitude ou, si l'on préfère, la solitude du désert.

Vous avez connu là le désespoir ?

Je crois profondément que celui qui vit avec Dieu n'est jamais désespéré. Il est vrai pourtant que j'ai failli perdre courage ; je me disais : je n'en peux plus, qu'on me renvoie, qu'on me laisse repartir en France me reposer. De plus, à Tunis il n'y avait pas de « petite école » pour les pauvres. Je me demandais vraiment ce que je faisais là. Mais étais-je vraiment désespérée ? Non, j'ai toujours fini par rebondir. Je ne suis pas facile à abattre.

Ce qui m'a vraiment sauvée, c'est la prière. Jamais auparavant dans ma vie je n'avais prié comme je l'ai fait en Tunisie. J'avais le Christ. Est-ce que tu peux t'imaginer ce que c'est d'avoir une foi qui te fait vivre et dont tu es sûre, tranquillement sûre, sans exaltation ni sensiblerie ? Quand tu vis avec quelqu'un que tu aimes et qui t'aime nuit et jour, tu reçois de cette relation un sens, une force et une passion que rien ne peut arrêter. Il y a eu des moments où j'étais tellement à bout que je ne pouvais même plus prier. D'une certaine manière, on peut dire que le Christ m'a laissée me dépatouiller. Mais chaque fois que je lançais un appel, que je poussais un cri, Il était là. C'était une source d'eau vive. Pour moi, il est inconcevable qu'un être humain ayant misé sur le Christ sombre dans le désespoir. Mais c'était l'échec. Le double échec même : en tant qu'enseignante et en tant que « future sainte » : le vitrail de mon enfance était en mille morceaux...

Eh bien, maintenant, quarante ans après, je remercie le Seigneur d'avoir vécu ces années-là. Le fait d'avoir ainsi touché le fond pendant trois ans, dans l'impuissance et l'anéantissement le plus total, m'a forgé une âme de pauvre, de pauvre au sens spirituel. C'est une expérience pour la vie qui m'a permis d'accéder à la vérité de mon être. Aujourd'hui, quand les gens m'entourent et me complimentent, parce que je suis plus ou moins un phénomène à la mode, ou quand je m'écoute un peu trop parler – cela m'arrive encore ! –, je me dis : « Ma fille, pense à ce que tu étais en Tunisie ! » C'est là que j'ai découvert la justesse de la maxime de Marc Aurèle : « L'obstacle est matière à action. »

Vous croyez à la vertu de l'échec ?

Oui, je crois qu'il est bon que tout homme puisse ressentir, un jour ou l'autre, son impuissance. En particulier l'homme qui cherche Dieu. Qu'il se trouve au creux de la vague, pour pouvoir ensuite remonter. Car ce qui compte, ce n'est pas l'échec en soi, mais l'expérience qu'on en tire, ce qu'on va en faire, de cet échec. Je suis persuadée que tout ce qui nous arrive sur terre est une grande leçon, mais nous travaillons parfois contre nous-mêmes.

Depuis que je suis rentrée en France, je reçois beaucoup de lettres et de coups de téléphone de gens qui appellent au secours parce qu'ils sont en situation d'échec : rupture, départ d'un enfant, licenciement, gros pépins de santé, etc. Je crois que le danger essentiel en cas d'échec est l'affolement, parce qu'il mène à la conviction que ce n'est pas la peine de réagir, que tout est perdu. Or ce n'est pas vrai. Rien n'est jamais perdu. À Tunis, quand j'avais ces petites filles si remuantes, je m'étais affolée dès la première minute. C'était donc bien moi qui n'avais pas été à la hauteur. J'ai connu des gens qui, dans la même situation, se sont laissé complètement submerger, et d'autres qui ont réussi à s'en sortir. J'aime bien cette fable de La Fontaine sur les deux grenouilles tombées dans le lait : la première se laisse aller et se noie ; la seconde se débat tant et si bien qu'elle transforme le lait en beurre et, du coup, est sauvée. « Le vainqueur, a dit Napoléon, est celui qui tient une heure de plus. » Eh bien, il faut se battre. Il faut tenir une heure de plus.

Quand les gens me font ce genre de confidences, je cherche toujours à les aider à mieux se comprendre eux-mêmes, à essayer de savoir comment ils ont pu arriver à cette situation d'échec. Souvent ces personnes ne peuvent plus supporter leur famille, leurs collègues, leur entourage. Je leur dis : « Allez dans la nature, si vous pouvez. Asseyez-vous dans un coin parmi les arbres et les fleurs et tâchez de réfléchir ou de prier. » Il est important de se calmer d'abord sur le plan physiologique parce que, comme j'ai pu le constater moi-même, l'échec nous sape notre énergie et nous réduit à l'état de chiffe molle. Ensuite je leur suggère d'appliquer la méthode que j'utilise parfois moi-même : prendre une feuille, la diviser en deux et y noter, d'un côté l'échec, ses causes, ce qui vous fait souffrir et, de l'autre, les chances et les lueurs d'espoir qui vous restent. « Vous êtes sûr, leur dis-je toujours, qu'il n'y a rien de positif qui vous permettrait de redémarrer ? »

Mais il y a des situations où je me sens totalement impuissante, comme, par exemple, celles liées au chômage. En particulier quand il s'agit de jeunes. Qu'un jeune n'arrive pas à trouver de travail, c'est pour moi une chose épouvantable, totalement injuste. Commencer sa vie sur un tel échec... Qu'est-ce que je vais pouvoir dire à ce jeune ? Qu'il n'a qu'à s'occuper des autres ? C'est trop facile. Et qu'est-ce que je pourrais bien dire à un homme qui, à quarante, quarante-cinq ans, ne trouve plus d'emploi, qui constate qu'on ne veut plus de lui ? Rien. Sur ces questions-là, je n'ai pas de réponse. Tout ce que je peux faire – car maintenant je suis devenue une « orante », une sœur qui prie –, c'est porter toutes ces lettres à la chapelle où je les relis ligne après ligne, et prier : « Seigneur, donne-lui la lumière, donne-lui la paix. » Et parfois, comme le font les psaumes, je crie vers le Seigneur : « Mais enfin, Seigneur, tu as créé cette terre, oui ou non ? Tu vois cette femme. Ça t'est égal qu'elle souffre comme elle le fait ? » Je crois que nous avons le droit de crier vers Dieu.

VIII

La révolte au nom des pauvres

Il y a une fin à tout. Au bout de trois ans, donc
en 1957, la supérieure générale, dans sa grande
sagesse, m'a transférée à Kasnadar qui se trouve à
une demi-heure de route de Tunis. Un petit
collège, un jardin agréable, des élèves plus âgées :
j'ai pu reprendre confiance en moi. L'année suivante, j'ai passé, à l'âge de cinquante ans, mes
premiers certificats de lettres classiques à la Sorbonne. Mes forces revenues, j'ai recommencé à
ouvrir les yeux sur le monde des pauvres qui
m'entourait et à renouer avec mon esprit frondeur.
Ainsi quand j'ai vu que le chauffeur italien de la
communauté habitait une grande et belle maison
alors que les domestiques tunisiens entassaient leurs
familles nombreuses dans de misérables masures,
j'ai protesté auprès de la supérieure qui m'a
répondu : « Mais, ma sœur, c'est comme ça qu'on
fait en Tunisie ! » Autrement dit, à cette époque,

il fallait se résigner : aujourd'hui tout le monde est correctement logé. J'étais sans doute trop en avance sur mon temps.

Heureusement, j'ai pu, par la suite, de 1959 à 1963, rejoindre mon cher collège d'Istanbul où j'ai repris, pour ma plus grande joie, une classe de l'école des pauvres. Entre-temps, Mgr Roncalli – que nous avions connu et beaucoup apprécié lorsqu'il était administrateur apostolique à Istanbul – avait été intronisé pape. C'était Jean XXIII. Le concile Vatican II avait démarré, insufflant dans l'Église, y compris dans notre congrégation, un formidable espoir de renouveau. À la rentrée de 1963, je venais de passer à la Sorbonne mes derniers certificats de licence, quand ma supérieure locale reçut un télégramme signé « Marthane », du nom de la supérieure locale que j'avais connue à Tunis et qui, devenue entre-temps « provinciale », avait en charge la province du Moyen-Orient de notre congrégation. Le télégramme disait, fort laconiquement : « Emmanuelle, Alexandrie. »

Ce fut un nouveau défi à relever. Dans notre collège installé dans le quartier chic d'une des villes les plus cosmopolites de l'Orient, on me demandait de réussir ce que j'avais réussi à Istanbul : ouvrir à l'esprit de partage les filles de riches. Parmi les élèves de ce collège il y avait même eu Farida, la première épouse du roi Farouk. C'est tout dire...

Il s'est alors passé une chose qui m'a tout de suite fait comprendre que ce serait peine perdue.

Ma supérieure m'avait dit : « Pour vous familiariser avec vos nouvelles élèves de la classe de philo, faites donc un petit voyage avec elles. Vous pourriez les emmener visiter les pyramides au Caire. » J'étais ravie, car je ne connaissais pas Le Caire. Je nous vois encore, confortablement installées dans notre wagon de première classe du chemin de fer qui longe le Nil jusqu'au Caire. À chaque arrêt dans une gare, des hordes de gamins dépenaillés se bousculaient devant nos fenêtres pour mendier. Je demandais aux élèves : « Qu'est-ce qu'ils font là, tous ces enfants ? Qui s'en occupe ? » Elles répondaient : « Ce sont des pouilleux, ma sœur. Leurs parents sont des paresseux. Ne les regardez pas. »

À la gare Ramsès, au Caire, une foule immense comme je n'en avais jamais vu nous a littéralement submergées. Une petite fille mal fagotée, aux grands yeux clairs, s'est approchée de moi et m'a donné la main. Au grand scandale de mes élèves, j'ai fait un bout de chemin avec elle ; elle était toute contente ! « Ma sœur, me disaient les élèves, vous n'allez quand même pas emmener cette petite fille en ville ? Vous voyez bien qu'elle n'est pas de notre milieu ! »

Ce jour-là, qui aurait dû être le jour de la découverte des pyramides de Gizeh, a été pour moi celui de la découverte du tiers monde et cela a été un véritable choc. Un choc d'autant plus violent que je me suis rendu compte qu'on peut très bien vivre dans le tiers monde – comme le faisaient ces jeunes filles, comme je l'avais fait, moi, pendant plus de quarante ans – sans avoir la moindre idée de ce qu'est la vraie misère, la vraie pauvreté. C'est là que je me suis révoltée et que j'ai failli quitter la congrégation.

Avant de partir en excursion, une sœur qui s'occupait de l'école des pauvres avait fait passer parmi les élèves une corbeille pour qu'exceptionnellement, à l'occasion de la fête du Mouton, les familles pauvres puissent manger un peu de viande. Ma classe avait donné, en tout et pour tout, cinquante piastres, soit un demi-dollar. Quelques heures plus tard, dans le souk du Caire, ces mêmes jeunes filles ont dû dépenser environ mille dollars en colifichets... C'était trop. Pendant deux ans j'ai essayé de tenir le choc. Je leur parlais de la nécessité du partage. Elles me répondaient : « On a déjà donné ! Par sa nationalisation Gamal Abder Nasser a pris à nos parents toutes leurs terres. Soi-disant pour les donner au peuple. C'est à lui de s'en occuper ! » Les pauvres ! Il ne restait à leurs parents « que » leurs palais et leurs jardins. Et leurs filles qui n'avaient rien d'autre à faire qu'à apprendre les bonnes manières et un peu de culture française, en attendant l'arrivée du prince charmant. Et à donner des ordres aux enfants qui étaient leurs domestiques.

J'ai donc demandé à la supérieure locale de me décharger de ce poste, mais elle n'était pas d'accord. Alors j'ai écrit à notre « maison générale », qui venait de quitter Paris pour s'installer à Rome, pour dire que, en mon âme et conscience, je n'étais pas devenue religieuse pour faire ce travail-là.

C'était en 1965. Après de longs mois d'attente – pendant lesquels je me voyais déjà couper les ponts pour de bon, car la « provinciale », qui est l'échelon intermédiaire entre la « générale » et la supérieure locale, avait menacé de m'exclure –, l'autorisation de la supérieure générale est arrivée et je suis devenue directrice de la petite école pauvre qui se trouvait au fond du parc du collège. Je l'ai complètement réorganisée, mais je savais que c'était encore insuffisant. Il y avait toujours ce même poids qui m'attirait vers les pauvres, qui me poussait à vivre comme eux, avec eux.

Un jour j'ai repéré, dans ma classe, Magda, une petite fille de dix ans qui semblait se trouver mal. Je lui ai demandé : « Qu'est-ce qui se passe ? » Elle a fini par m'avouer qu'elle n'avait pas mangé la veille parce qu'il n'y avait plus rien à la maison. Là, quelque chose a basculé. J'ai suivi Magda chez elle, à Bacos, le quartier pauvre de la ville, pour y découvrir une famille de huit enfants vraiment dans le besoin. Alors j'ai négocié avec la supérieure : « Les frais de pension d'une religieuse se montent à dix dollars par mois, n'est-ce pas ? Alors, le matin je viendrai partager le petit déjeuner dans la communauté. Je me débrouillerai pour prendre le déjeuner à l'école. Puis vous me donnerez six ou sept dollars pour que je puisse, en dînant et en couchant chez les parents de Magda, les aider à améliorer leur quotidien et organiser des cours de soutien pour les gamins. » Chez les autres sœurs et dans le quartier, ça a fait un beau scandale mais moi, j'ai vécu dans cette famille jusqu'à ma « retraite » et ce furent les années les plus heureuses de ma vie de prof.

Cela paraît un peu étonnant de vous entendre dire que vous avez découvert la pauvreté en Égypte. Parmi les trois vœux que vous aviez prononcés en entrant au couvent, n'y avait-il pas, précisément, le vœu de pauvreté ?

La pauvreté religieuse ne m'a jamais suffi. Certes, en prononçant ses vœux, on laisse tous ses biens terrestres à la congrégation, mais, en échange, la congrégation prend soin de nous. Nous ne vivons pas dans le luxe. Mais nous ne connaissons pas non plus le besoin. Je n'ai qu'une ou deux paires de chaussures que j'use parfois jusqu'à la corde. Mais si j'ai vraiment besoin d'une nouvelle paire, on me la fournira. Et, surtout, chaque fois que je tombe malade, on me fait soigner tout à fait correctement. La congrégation s'occupe même de mes vieux jours ! Non, la pauvreté que nous vivons dans nos communautés n'a rien à voir avec la vraie pauvreté dont la caractéristique principale est l'insécurité, la peur du lendemain. Et puis, je n'aimais pas la « charité » que nous pratiquions dans le temps. À Kasnadar, nous avions pris l'habitude de distribuer du pain et des oranges à la porte du couvent. J'avais remarqué que les plus belles oranges restaient dans les corbeilles du réfectoire. Cela m'avait paru parfaitement injuste.

Quand je parle ainsi, on me reproche parfois d'aimer la pauvreté. C'est faux. Ce sont les pauvres que j'aime et parce que je les aime, je crie mon indignation devant la persistance de la pauvreté. Ce qui me révolte le plus, c'est le refus de la voir, de la reconnaître, l'indifférence et la froideur de mes anciennes élèves à Alexandrie. Aujourd'hui, je les comprends beaucoup mieux, c'est vrai que Nasser avait nationalisé les terres d'une manière trop brutale et, elles, elles ne faisaient que reproduire le discours de leurs parents.

Je suis intimement convaincue que nous devons apprendre à partager. Partager, cela ne veut pas dire se dépouiller de tout et aller vivre dans une cabane comme je l'ai fait, moi, ni même se passer du confort que nous connaissons aujourd'hui. Ça peut vouloir dire réduire son train de vie, faire un chèque substantiel de temps en temps, construire un hôpital pour les pauvres, que sais-je encore ? Je connais des tas de gens, y compris des directeurs de banque, qui savent partager. J'ai même rencontré une femme dont le mari PDG voulait lui faire essayer une énième nouvelle voiture. Arguant que c'était un luxe inutile, elle a refusé de monter dedans et ils ont envoyé la somme correspondante à une association. Pour moi le luxe est un ver qui ronge le cœur de l'homme. Et j'ai découvert moi-même que le fait d'avoir renoncé aux choses inutiles rend tout bonnement heureux. Une fois de plus La Fontaine a vu juste. Dans sa fable « Le savetier et le financier », le savetier a préféré rendre les cent écus au financier pour pouvoir retrouver sa joie de vivre et son sommeil plutôt que de se replier sur sa fortune. C'est lui qui avait raison !

Vous parlez parfois de la pauvreté comme étant le péché du monde. Que voulez-vous dire au juste ?

Ce que je veux dire, c'est que le péché du monde, ce n'est ni le péché de la chair ni la drogue, ce n'est pas non plus, même si c'est très grave, l'armement. C'est, tout simplement, de laisser son frère nu. Le Christ l'a bien dit, dans l'évangile de Matthieu, dans la mesure où « vous avez donné à manger et à boire à l'un des plus petits, c'est à moi que vous l'avez fait ». On oublie parfois à quel point les Pères de l'Église étaient terribles. Saint Basile, qui fut, au IVe siècle, un des fondateurs du monachisme, n'y allait pas par quatre chemins : « À l'affamé appartient le pain que tu gardes. À l'homme nu appartient le manteau que recèlent tes coffres. Au va-nu-pieds appartient la chaussure qui pourrit chez toi. Au miséreux appartient l'argent que tu tiens enfoui. Ainsi en prives-tu autant de gens que tu en pourrais aider. »

Encore faut-il accepter de le voir, ce miséreux ! Je crois que le péché du monde – du monde occidental, en particulier –, c'est de ne se préoccuper que du centre, d'ignorer ou d'oublier les pauvres qui se trouvent dans la périphérie. De même pour l'Église. Certes, depuis le concile Vatican II la situation a changé : de plus en plus de sœurs – pas seulement de ma congrégation – travaillent dans des quartiers et des villages misérables. Mais autrefois, un peu partout dans le monde, une bonne partie des missionnaires se trouvaient concentrés dans les grandes villes comme Alexandrie ; en Haute-Égypte d'où viennent les plus pauvres, ceux que le Christ préfère – les chiffonniers du Caire, notamment –, il n'y avait personne. Moi qui m'en rendais compte, je n'arrêtais pas d'écrire à mes supérieures : « Quand me permettrez-vous enfin de suivre ma vocation et de me consacrer à ceux qui ont le plus besoin de nous ? » Il a fallu que j'attende l'âge de la retraite pour que ce vieux rêve puisse enfin se réaliser.

IX

Soixante-deux ans :
le rêve devient réalité

Depuis le début de la révolution lancée par Nasser en 1952, il devenait de plus en plus clair que l'Égypte préférait se passer d'entreprises étrangères. De plus, ma congrégation avait commencé à connaître une grave crise de recrutement. Nos supérieures ont donc décidé, en 1971, d'abandonner le collège d'Alexandrie au profit des religieuses coptes orthodoxes. À près de soixante-trois ans, j'avais la possibilité de prendre ma retraite dans la maison du midi de la France où j'habite aujourd'hui. Je n'en avais aucune envie. Au contraire, je me suis rendu compte avec une espèce de jubilation que j'étais enfin libre pour réaliser le rêve qui me tannait depuis la lecture du livre du père Damien : rejoindre les plus malheureux de tous les hommes, les lépreux. M'étant installée à Matareya, un quartier populaire du Caire où deux autres sœurs de Notre-Dame-de-Sion s'apprêtaient à ouvrir un jardin d'enfants pour les pauvres, je me suis mise à prospecter. J'ai trouvé l'hôpital réservé aux lépreux, mais, comme il était situé en zone militaire, je n'ai pas pu obtenir l'autorisation d'y résider, malgré le soutien de l'administrateur apostolique. C'est ce dernier, Mgr Bruno Heim, qui, le premier, m'a parlé des « zabbalines », des chiffonniers, ou mieux, des éboueurs du Caire ; « Des gens, m'a-t-il expliqué, venus de Haute-Égypte dans le dénuement le plus total et qui campent aux portes de la ville parmi les ordures qu'ils vont chercher tous les jours dans les beaux quartiers pour les trier et les revendre après. » Et il a ajouté : « Venez, je vous emmène de l'autre côté du Nil, à Embaba. Vous verrez. »

Quand j'ai vu Embaba – une espèce d'immense fondrière parsemée de cabanes en vieux bidons qui disparaissaient presque sous les monceaux d'ordures où broutaient des ânes et des cochons –, quand j'ai vu, courant nu-pieds, les enfants, sales, habillés de loques, mais beaux comme des petits anges et rieurs, j'ai immédiatement su que c'était là que je voulais vivre. L'enfance malheureuse à laquelle j'avais voulu me consacrer depuis toujours, elle était là. Bien sûr, tout le monde a cherché à m'en dissuader. On a fait valoir que les « zabbalines » étaient des voleurs et des assassins, que le bidonville était infesté par l'alcool et la drogue, que même les policiers n'osaient pas y pénétrer... J'ai fini par trouver un prêtre copte catholique qui a bien voulu m'aider. Il connaissait un homme sûr, Labib et sa femme Malaka, qui vivaient dans un autre bidonville improvisé par les zabbalines, Ezbet el-Nakhl (la palmeraie). Ce couple – des gens formidables qui m'ont aidée et conseillée jusqu'au bout – a accepté de dégager sa cabane à chèvres de quatre mètres carrés, construite comme toutes les autres en bidons, planches et feuilles de palmier, pour m'accueillir : il ne m'en fallait pas plus. Ma congrégation a fini par donner son accord à condition que je retourne dans la communauté de Matareya chaque week-end.

Et voilà : quelques jours après avoir fait la connaissance de Labib et sa femme, je me vois encore faire mon entrée triomphale dans le bidonville. Labib qui, blessé à la jambe, n'allait plus aux ordures, était venu me chercher à Matareya avec son âne et sa voiture plate où j'avais entassé un lit, une chaise et un tabouret. Et moi avec ! Les enfants m'entouraient en criant « *El aroussa ! El aroussa !* » « La mariée ! La mariée ! » (car c'est de cette manière que la jeune mariée emménage chez son époux) et moi, je chantais avec eux ! Après coup, je me rends compte que j'étais un peu inconsciente, un peu folle. Heureusement, Dieu m'avait donné la sagesse de ne rien faire sans consulter au préalable Labib. Parfois il me disait : « Non, il ne faut pas aller dans cette cabane-là. » Au début, d'ailleurs, il était persuadé que je ne resterais pas longtemps. Il ne me connaissait pas...

Ezbet el-Nakhl : faut-il le préciser, il n'y avait plus un seul palmier. Pas de fleur, pas d'oiseau. Pas d'électricité, pas d'eau courante non plus. Juste des masures, des hommes (seulement l'après-midi et le soir, après le retour de leur tournée en ville), des femmes et des enfants. Et des animaux ! Des ânes qui brayaient la nuit, des chiens, des cochons, des poules, des rats plutôt agressifs, des cafards, des mouches partout. Une odeur inimaginable qui s'insinuait dans la gorge et les narines. Et puis des ordures de toutes sortes – impossible d'y échapper. Ma cabane avait une minuscule lucarne devant laquelle Malaka, chaque jour, versait, avec un couffin, les excréments des cochons qu'on venait enlever une ou deux fois par an. Les cochons broutaient devant ma porte. Je me douchais avec un seau d'eau et un verre sur le sol en terre battue de ma chambrette. Je mangeais, comme mes voisins, des fèves avec un peu d'huile. Tous les jours.

Tu connais ce film de 1947 dans lequel Pierre Fresnay jouait le rôle de Monsieur Vincent ? On le voit quand, pour la première fois, il couche dans un asile de nuit, parmi les pauvres. En entendant les respirations, les râles, les pleurs, toute cette présence humaine formidable, il comprend qu'il est entré dans sa vocation. Eh bien, pour moi, le premier soir dans ma cabane, j'ai vécu exactement cela : une sorte de plénitude, le sentiment que c'en était fini de tous les manques qui m'avaient taraudée jusque-là. Cette fois-ci, je ne pouvais pas descendre plus bas. Nuit et jour, j'allais partager l'existence de ce que l'humanité compte de plus misérable et de plus méprisé. Il y a une phrase du père de Foucauld qui m'était venue à l'esprit : « Si vous voulez trouver la dernière place, vous ne l'aurez jamais. Elle a été prise par le Christ. Mais si vous le voulez, vous pourrez prendre l'avant-dernière. » Désormais, j'avais l'avant-dernière place qui allait me permettre de vivre l'incarnation du Christ. J'étais comme un oiseau qui, après quarante ans, volait enfin là où ses ailes avaient toujours voulu le porter.

Pourtant, vous qui avez le sens de la justice, la situation dans laquelle vivaient les chiffonniers a dû vous choquer et vous révolter ?

Oui, bien sûr. Jamais auparavant je n'avais pu imaginer un tel degré d'exclusion. Que des hommes, des femmes, des enfants puissent vivre à longueur de journée, à longueur d'année dans les immondices dont les autres se débarrassent, triant des ordures, respirant des ordures, mangeant des ordures, entourés de cochons et de vermine qui, eux aussi, se nourrissent d'ordures, c'est difficile à croire quand on ne l'a pas vu. Par la suite, j'ai souvent eu l'occasion de faire découvrir « mon » bidonville à des Égyptiens. Ils avaient du mal à contenir leur émotion. Eux-mêmes ne savaient pas qu'une telle misère existait dans leur pays. Tout est sale, même l'eau dans laquelle on se lave. On patauge en permanence dans une boue composée d'ordures qui s'infiltre jusque dans les « maisons ». Le bruit, les odeurs...

Ma première réaction fut celle de tout le monde : pas possible que des hommes vivent là-dedans ! Puis, ce premier choc passé, j'ai fait une découverte encore plus étonnante : les hommes, les femmes et les enfants vivant là n'étaient pas malheureux. Et même ils étaient plus joyeux que beaucoup de nantis que j'avais rencontrés ! Tout simplement parce que la vie, la passion de vivre est plus forte que la misère la plus noire. À Alexandrie, j'avais commencé à apprendre l'arabe. Avec l'aide de Labib et entourée d'enfants, je suis allée à la rencontre de mes voisins. Avec le sourire. C'est extraordinaire ce qu'on peut faire avec un sourire. Je crois que, quand les chiffonniers ont vu que je dormais comme eux, que je mangeais comme eux, que je ne me voulais en rien supérieure à eux, ils m'ont acceptée. Et ils ont accepté le fait que je n'avais rien à leur donner. J'ai su qu'un jour, le gamin qui venait chaque jour avec son couffin chercher les ordures de la communauté de Matareya avait dit, tout fier, à une religieuse : « Maintenant, nous aussi, nous avons notre sœur ! » Quand on m'a rapporté ça, c'est bête, les larmes me sont venues aux yeux. Par ma présence, les zabbalines avaient compris que leur vie était digne d'être vécue.

En somme c'est là, dans ce bidonville du Caire, que votre vraie vie a commencé ?

N'exagérons rien. Sauf à Tunis, partout où j'ai vécu, j'ai toujours été comblée, toujours heureuse et – je l'ai déjà dit – j'aimais beaucoup l'enseignement. Il ne faut pas me faire dire ce que je ne dis pas. Mais c'est un peu comme si toute ma vie antérieure m'avait préparée à ce nouvel épisode, comme un fruit qui a mûri et qui peut tomber. Je crois que je n'aurais pas pu faire la même chose si j'avais été

94

plus jeune. À trente, quarante ans, j'étais encore un peu « verte », pas mûre.

Autre chose : parfois, on me reproche plus ou moins ouvertement d'insinuer que la seule manière d'être solidaire des pauvres serait de s'installer, comme moi, dans une cabane à cochons. Ce n'est pas du tout ça. C'était la réalisation d'un rêve d'enfance. C'était ma vérité. Je me disais souvent, en voyant mes voisins, qu'au fond de moi-même je n'étais qu'une pauvre chiffonnière. Si je n'avais pas été élevée dans un tout autre environnement, j'aurais probablement été une voleuse ou une fumeuse de haschisch comme eux. Toujours est-il que cette vie – vingt-deux ans dans ces bidonvilles, d'abord dix ans à Ezbet el-Nakhl, ensuite dans deux autres – m'a appris à savoir ce qu'est l'être humain au sens le plus dépouillé du terme. Les chiffonniers m'ont appris à être homme, à être femme. Ce sont eux qui m'ont donné ma vraie identité.

Aujourd'hui que je vis loin des bidonvilles et que j'ai parfois un peu l'impression de perdre patience, je m'interroge : qu'est-ce qui, là-bas, pouvait expliquer cet incroyable sentiment de bonheur qui m'animait ? Je crois que c'était le fait d'avoir rompu avec toute espèce de privilège, ces privilèges qui, finalement, nous éloignent de la nature de l'homme, nous éloignent aussi de ce que vit une bonne moitié de l'humanité. Dans les ordures, il n'y a rien de superficiel, rien d'artificiel. Sans masque, sans oripeaux, on est renvoyé à la vérité de sa vie. Et puis, il y avait la fraternité.

Tu vois, avec toi, j'échange des choses intéressantes. Après, chacune repartira de son côté. Là-bas, je m'asseyais par terre, sur un carton, au milieu des ordures, adossée à un vieux bidon. L'âne brayait, la lampe à pétrole s'éteignait au moindre coup de vent, les rats se démenaient tout autour. On buvait du thé brûlant et on parlait de la dernière descente de police, du chiffonnier qui était tombé de sa carriole, de la femme qui avait été chassée par son mari, de tout et de n'importe quoi. Avec Nadia, ma voisine, on partageait la même pompe. Nous mangions parfois ensemble. On respirait le même air. On regardait le même magnifique ciel étoilé. Tu comprends ? Je vivais avec.

À vrai dire, j'ai reçu beaucoup plus, dans mon bidonville, que je n'ai donné. C'est là que j'ai vraiment compris ce que je n'avais fait qu'entrevoir à Istanbul : ce qui fait la qualité de l'homme, ce n'est pas sa religion mais son sens de la fraternité. Il y avait chez les chiffonniers autant de musulmans que de chrétiens et tous semblaient vivre avec un Dieu perpétuellement présent. Un jour, c'est un jeune orthodoxe qui m'a fait remarquer qu'il ne me voyait pas beaucoup prier !

Pendant quelques mois, tout à mon bonheur, je me suis laissé submerger par l'extraordinaire humanité de ce milieu. Mais je ne suis pas une contemplative, je suis une femme d'action. Alors, très rapidement, au nom de la révolte contre l'injustice, je me suis mise au travail pour changer la situation.

X

Sauver les enfants

Je l'ai déjà dit : c'est pour deux raisons que je m'étais installée dans la cabane d'Ezbet el-Nakhl : trouver ma vérité à moi et faire comprendre aux chiffonniers que leur vie valait la peine d'être vécue. Puis, très vite, j'ai compris que cela ne me suffirait pas de vivre avec. Je suis née comme ça : il me fallait passer à l'action. Je me suis dit qu'en partageant non seulement la vie mais encore mes compétences et mes connaissances, je pouvais peut-être aider les chiffonniers à sortir de leur terrible situation.

Ce qui m'a le plus motivée ? Les enfants. Je ne pouvais pas supporter de les voir ainsi, beaux, rieurs, mais aussi souvent en mauvaise santé, à moitié sauvages, voués en tout cas à un avenir bouché. Il n'y avait pas d'école, il n'y avait pas de maternelle. Alors j'ai dit à Labib : « Si j'avais un local pour accueillir les enfants, je pourrais peut-être leur donner les moyens de se sortir de ces ordures. » Labib avait un réduit où il logeait son âne, une hutte en terre séchée et en feuilles de palmier. L'âne a été invité à faire sa couche à la belle étoile et nous avons peint les murs en rose. Zakkareya, le charpentier, a installé des fenêtres et une porte. Sur cette porte il avait sculpté une croix et un croissant surmontés de l'inscription *Allah Mahabba*, « Dieu est amour ». C'était merveilleux !

Et *yallah*, en avant ! Labib m'a accompagnée pour faire la tournée des cabanes et persuader les parents de me confier leurs enfants. Dans ma grande naïveté, je pensais qu'ils allaient sauter sur l'occasion. Or on me disait : « À quoi ça sert d'apprendre à lire et à écrire ? » Tu penses, dès l'âge de six ans les garçons devaient partir tous les matins à cinq heures ramasser les ordures : pendant que le père montait dans les étages pour remplir son couffin, le gamin gardait la charrette et l'âne restés dans la rue. Quant aux filles, pour décharger la mère, presque toujours enceinte, elles s'occupaient des frères et sœurs plus petits. Donc ça n'a pas été facile. Les premiers mois, le jardin d'enfants n'a accueilli qu'une dizaine d'enfants, presque tous des garçons.

Ce qui m'a sans doute le plus poussée à agir, c'est la mort des enfants. Tu comprends, très rapidement, les chiffonniers ont commencé à m'appeler « Ableti » – grande sœur. Je soignais tant bien que mal les enfants qui se blessaient et ils se blessaient tout le temps, car dans les ordures il y avait du verre et des tas d'autres objets tranchants. Beaucoup, en plus, se faisaient ébouillanter par les verres de thé chaud qui se renversaient.

Les toutes premières années après mon installation, on m'amenait plusieurs fois par semaine des bébés de quelques mois, tout convulsionnés, avec des visages ridés comme des petits vieux. Ils étaient en train de mourir du tétanos et le virus avait déjà atteint le cerveau. Jamais je ne me suis sentie aussi impuissante. Le soir, j'allais dans la case de la famille, on s'asseyait parmi les ordures, il y avait ce petit corps froid sur un lange et je disais : « Vous le savez, votre petit bébé est parti au ciel. » La mère, alors, levait les yeux vers l'immense voûte étoilée – cette voûte que les grandes villes avec leurs immeubles et leurs néons nous cachent si souvent – et elle disait : « Tu dois être heureux maintenant, mon petit ange. » Chaque fois cette image me faisait penser à ces statues qu'on peut encore voir dans les vieilles églises de campagne : la Vierge du Vendredi saint, avec le corps du Christ dans les bras. Elle n'est pas désespérée, elle n'est pas malheureuse. Dans ses yeux on voit déjà la Résurrection. Pour moi, c'était une merveilleuse manifestation de la foi.

Plus tard, au Soudan, au Liban, j'ai vu des centaines d'autres enfants morts ou en train de mourir – du tétanos, tués par balle ou simplement de faim. Je n'aurais pas pu continuer à supporter cette vie si je n'avais pas cru à la résurrection.

L'amour est plus fort que la mort. Ton enfant, ma voisine, tu vas le retrouver, comme moi je sais que je retrouverai ma mère et tous les autres êtres que j'ai aimés.

En attendant, il fallait en finir avec le tétanos qui, à cette époque-là, tuait, dans leur première année, quatre bébés sur dix. On les enterrait dans un coin de la cour à cochons, car le cimetière était trop cher et il aurait fallu des papiers d'identité que la plupart des chiffonniers n'avaient jamais eus. Je suis une entêtée. Quand je veux quelque chose, je finis toujours par l'obtenir. Au bout de quelque temps, j'ai trouvé une jeune femme médecin qui a accepté de donner, une fois par semaine, des consultations sur place. Et puis, méthodiquement, en les notant sur un petit calepin, j'ai commencé à répertorier les familles et leurs principaux besoins : ceux des enfants, des personnes âgées, des femmes enceintes, des femmes battues, les maladies, etc.

Au bout d'un an, j'avais rendu visite aux quatre mille personnes vivant dans ce bidonville d'Ezbet el-Nakhl. J'avais compris le problème que représentaient le haschisch – les hommes en fumaient presque tous – et l'« alcool rouge » – un infâme mélange de Coca-Cola et d'alcool à brûler – qu'ils buvaient. Comment leur jeter la pierre ? Comment empêcher des hommes qui vivent dans des conditions aussi effroyables de chercher à s'en échapper ? Là aussi, je me sentais totalement impuissante. Ce qui est terrible pour quelqu'un comme moi qui vis et se réalise à travers l'action. Moi, il faut que je fonce. Je suis faite comme ça. J'aimerais bien, parfois, qu'on me débarrasse de cette aura de femme qui fait des miracles. Je n'ai aucun mérite. Le besoin d'action fait partie de ma nature et il arrive même que la griserie de l'action me monte à la tête. Je me souviens. En 1990, après mon intervention auprès du gouvernement de Khartoum qui avait permis de sauver de la mort sept mille enfants soudanais, j'étais allée voir, toute triomphante, toute fière de moi, l'abbé Pierre. Il me dit de sa voix toute douce : « Et les autres, sœur Emmanuelle ? Il n'y a que sept mille enfants sur la planète à sauver ? Que faites-vous de tous ceux que nous n'arrivons pas à sauver ? » Je ne l'oublierai jamais. Lui parlait de la misère du monde. Moi, je parlais de quelques enfants. Ces paroles ont été pour moi une grande leçon.

Au Caire, il y avait dans « votre » bidonville quatre mille personnes, auxquelles il faut ajouter des dizaines de milliers de chiffonniers dans les autres quartiers que vous avez « découverts » plus tard. Vous étiez seule pour essayer de soulager cette détresse immense ?

Oui, pendant trois ou quatre ans j'ai été pratiquement seule. Il faut comprendre. En Égypte, comme dans d'autres pays du tiers monde – par la suite, j'ai vu pis encore aux Philippines –, le fossé qui sépare les riches des pauvres est gigantesque. J'avais déjà pu le constater à Alexandrie, avec mes élèves qui trouvaient normal que des enfants domestiques portent leur sac. *Zabbaline* veut dire « paria », « impur ». Les chiffonniers eux-mêmes avaient honte de leur profession. Au début j'ai eu beaucoup de mal à motiver les gens à venir m'aider. Beaucoup d'Égyptiens préféraient ignorer ce qui se passait dans les coulisses de leur capitale. Quant aux autres religieuses de ma congrégation, ce que je faisais était considéré comme trop « marginal » par rapport à sa vocation axée sur l'enseignement. De plus, la crise des vocations faisait que toutes les sœurs étaient mobilisées pour continuer les activités que nous avions lancées.

Puis, peu à peu, des médecins, des étudiants, des élèves des jésuites sont venus se joindre à moi pour apprendre aux jeunes à jouer au foot, pour alphabétiser, pour enseigner un minimum d'hygiène, etc. Mais le grand retournement s'est produit en 1977 quand j'ai connu sœur Sara. Sœur Sara, fille d'un ex-grand propriétaire terrien à la fibre sociale – ça existe ! –, était supérieure dans une congrégation de religieuses « actives », les Filles de Marie, qui venait de se créer au sein de l'Église copte orthodoxe – qui, jusque-là, n'avait connu que des religieuses cloîtrées –, sous l'impulsion d'Athenasios, l'évêque de Beni-Souef. Quand, ayant entendu parler de ces nouvelles sœurs, je me suis rendue à Beni-Souef qui se trouve à deux cents kilomètres au sud du Caire, sœur Sara était en train de laver l'escalier de son couvent. Je me suis dit : « Ça, c'est un bon signe ! » Je n'ai pas été déçue. Ayant obtenu l'accord de son évêque, sœur Sara, beaucoup plus jeune que moi et, par surcroît égyptienne, est venue partager ma cabane dans le bidonville. C'était un cadeau de la Providence. Nous ne devions plus nous quitter. Aujourd'hui, c'est elle qui a pris ma succession. Et sa congrégation, les Filles de Marie, gère toutes les institutions que j'ai aidé à créer.

En 1977, quand sœur Sara est venue vous rejoindre, il y avait déjà, en bordure du bidonville, un bâtiment tout neuf, appelé le centre Salam, qui abritait un dispensaire, un jardin d'enfants, des ateliers, un club. Par quel miracle aviez-vous trouvé les fonds nécessaires à sa construction ?

Il y a eu un déclic qui m'a obligée à passer à la vitesse supérieure. Cela s'est passé un matin, vers cinq heures, le 11 février 1974. Il faisait noir et froid. Le bidonville se réveillait. Les hommes attelaient les ânes pour partir ramasser les ordures. Moi, comme tous les jours, je m'apprêtais à prendre le train pour assister à la messe à Matareya. Tout à coup, trois petites filles ont déboulé dans ma cabane en criant : « Baazak est mort ! Baazak est mort ! Il s'est fait tuer par ses copains ! » Baazak était un jeune de dix-huit ans que tout le monde aimait. Il travaillait avec trois autres jeunes pour une chiffonnière, Om Karima, qui, voulant les réveiller, venait de le trouver, devant le bistrot du bidonville, gisant dans une mare de sang. Hébétés, les trois copains avaient expliqué que, jouant aux cartes, ils avaient bu trop d'alcool rouge et que, pour une minable dette de cinquante piastres, ils avaient sorti les couteaux et tué Baazak.

La police est venue arrêter les trois jeunes. Et moi, aussitôt, j'ai été saisie d'une immense tristesse. Je me suis dit : « Qui est responsable de cet assassinat ? Les trois copains ? Non, bien sûr, ils aimaient beaucoup Baazak. C'est l'ivresse, leurs conditions de vie. » Ces quatre jeunes partageaient une espèce de gourbi sans lumière où ils couchaient par terre sous une unique couverture. Le soir, tout ce qu'ils pouvaient faire, c'était se réfugier au café où il y avait au moins une lampe à pétrole et cet alcool infâme pour tuer l'ennui. Alors je me suis précipitée chez le père Martin, ce jésuite dont les élèves m'aidaient dans le bidonville. Il a dû me prendre pour une illuminée quand je lui ai répété, pensant au film d'André Cayatte : « Vous ne comprenez donc pas ? Nous sommes tous des assassins. Si ces jeunes avaient eu un local agréable et une activité intéressante, il ne se serait rien passé ! » Je l'ai déjà dit : « L'obstacle est matière à action. » Pour empêcher que les jeunes continuent à se tuer entre eux, il fallait passer à l'action. J'ai donc ajouté : « Il nous faut un terrain de football, c'est urgent ! Sinon, on pourra vraiment dire que c'est nous les assassins ! » Ce prêtre, plus averti que moi en affaires, m'a répondu : « Oui, ma sœur, mais avec les deux jardins d'enfants, la salle de couture, la salle d'alphabétisation et le club dont vous rêvez depuis si longtemps, cela coûterait la modeste somme de trente mille dollars. Trente mille dollars que nous n'avons pas. » Et moi de riposter : « Qu'à cela ne tienne, j'irai les chercher en Europe ! »

À peine un mois plus tard, j'ai pris mon bâton de pèlerin et, grâce à la générosité des Européens et des Américains, nous avons pu construire, au fil des ans, tout ce qu'avait énuméré ce prêtre. Et même plus : des logements en dur, un foyer pour les personnes âgées, un autre pour les filles-mères, une maternité, un couvent pour les Filles de Marie... Mais vois-tu, parmi toutes les constructions que j'ai pu aider à réaliser, celle qui me paraît la plus importante, la plus significative, c'est l'usine de compost qui, aujourd'hui, emploie une dizaine d'ouvriers au centre de Mokattam, le bidonville de quinze mille habitants où je me suis installée avec Sara en 1981. Cette usine transforme les ordures et les excréments des cochons qui se nourrissent des ordures – ceux-là mêmes qui s'amoncelaient devant ma lucarne à Ezbet el-Nakhl – en compost, désormais considéré comme un des meilleurs engrais d'Égypte. Là aussi j'ai dû me battre. Au départ, personne n'y a cru.

Des germes de mort qui deviennent des germes de vie. Même dans la situation apparemment la plus désespérée, il y a toujours un germe d'espérance... Toute l'essence du christianisme est là.

XI

Plaidoyer pour les femmes

Dans tous les pays où je suis passée, j'ai pu faire la même constatation : quand, dans une famille, la femme est en bonne santé, c'est la famille tout entière qui est en bonne santé. Or, dans le bidonville, quand je m'y suis installée, les femmes étaient des esclaves ; au sens propre du terme : esclaves de leur mari. Il n'y avait pas de mariage d'amour. En remontant le Nil, les zabbalines avaient amené avec eux les mœurs des fellahs de la Haute-Égypte : la femme est un être de seconde classe dont l'homme dispose. C'est tout. Les petites filles se mariaient, dès l'âge de douze, treize ans, avec un jeune ou, parfois, un moins jeune choisi par leurs parents et se mettaient à avoir des enfants, sept, huit, dix souvent, en gros une fois par an. Presque toutes les femmes se faisaient régulièrement battre par leur mari ou par leur fils. Je les entendais et j'essayais de les soigner. Et je me suis aperçue qu'elles trouvaient ça presque normal. Elles étaient malheureuses, mais si elles se plaignaient, le mari leur disait : « Prends les enfants et va-t'en ! » Aller où ? Une femme seule, sans homme qui la protège, cela n'existe pas. Et c'est bien rare que son père accepte de la reprendre chez lui. Les femmes étaient épuisées par les corvées et les maternités. Les naissances se passaient dans des conditions effroyables, dans les cabanes mêmes. Et pourtant, chaque nouveau bébé leur apportait, visiblement, un bonheur extraordinaire. À travers l'éducation des enfants, c'étaient elles qui tenaient les familles. Même esclaves, elles ont un grand pouvoir souterrain.

Quand j'ai commencé à organiser mon petit cours d'alphabétisation pour adultes – où, naturellement, il n'y avait que des hommes –, j'en ai profité pour les gronder gentiment. Ils me répondaient : « Mais, Ableti, c'est que nos femmes ne comprennent rien ! Elles font tout de travers ! » Et c'est vrai que les femmes étaient illettrées, comme leurs maris l'étaient, mais en plus, à rester toute la journée enfermées dans leurs cabanes, elles ignoraient tout de la vie. Elles faisaient des bébés et tenaient la maison, c'est tout. Pour les femmes et les filles, la décharge était une prison.

Le médecin venait tous les vendredis. Au début je passais le lundi dans les cabanes où je savais qu'il y avait des malades pour leur rappeler ce rendez-vous. Le vendredi il n'y avait personne. J'ai essayé le mardi, le mercredi, rien à faire. Ce n'est que quand, le jeudi, j'ai pu dire : «Attention, ce sera *bokra*, demain » qu'elles sont venues. Car elles ne connaissaient pas le nom des jours de la semaine.

Il faut dire les choses telles qu'elles sont : je n'ai pas réussi à faire comprendre aux hommes du bidonville que la femme est leur égale. Parfois, alertée par les cris, je disais à l'un ou à l'autre de mes voisins, en plaisantant : « Alors, tu me promets que tu ne battras pas ta femme pendant une semaine ? Sinon, c'est moi qui te battrai ! » Mais la tradition était trop solidement ancrée. Dès leur plus jeune âge les petits garçons sont encouragés par leurs parents à donner des ordres à leurs sœurs, même quand elles sont plus âgées. J'étais, une fois de plus, naïve en pensant qu'on pouvait résoudre le problème en raisonnant. Il faut sans doute une génération pour que la clef magique de l'éducation puisse ouvrir l'avenir. Je me suis dit que, si j'arrivais à apprendre à lire et à écrire aux petites filles, leurs compagnons, plus tard, ne pourraient plus dire qu'elles ne comprennent rien. Mais pour celles de huit, neuf ans, déjà tenues en laisse par leurs pères, il a fallu que je commence par des cours de couture et de coupe ! Car là, au moins, il s'agissait d'activités utiles aux futures mères de famille. La lecture ? À quoi ça sert ?

Vous parlez au passé. Est-ce que, aujourd'hui, dans les bidonvilles, la condition des femmes s'est améliorée ?

Hélas non, pas pour les femmes de plus de quarante ans. Pour les jeunes, la situation évolue peu à peu. La loi interdisant le mariage pour les jeunes filles de moins de seize ans est plus strictement appliquée qu'il y a vingt ans. Mais ce sont surtout les écoles que nous avons pu créer qui sont des facteurs de changement. J'ai su qu'en juin dernier, dans le bidonville de Mokattam, toutes les jeunes filles d'une classe de fin d'études ont préféré rater leur examen, donc redoubler la classe, plutôt que de retourner à la maison où elles seraient retombées sous le coup des interdictions du père. Nous avons vu des filles de chiffonnier obtenir leur diplôme et prendre leur envol. Sur ce terrain-là, il faut avoir de la patience. Mes longues années dans le bidonville me l'ont apprise un petit peu !

La surpopulation, non seulement dans les bidonvilles mais dans l'ensemble de l'Égypte, représente évidemment un énorme problème. Le gouvernement a lancé une campagne de propagande très musclée aussi bien pour la pilule que pour le stérilet. Ça ne marche pas. La plupart des maris ne veulent pas en entendre parler, parce que c'est un signe de virilité que d'avoir beaucoup d'enfants et les femmes ont le sentiment d'être devenues vieilles quand elles cessent d'enfanter. Il y a une autre raison, d'ordre économique : il n'y a pas d'assurance vieillesse en Égypte. Il n'y a pas de maisons de retraite non plus. L'assurance vieillesse des pauvres, ce sont leurs enfants. Donc, il faut en mettre au monde une dizaine pour être sûr, compte tenu de ceux qui risquent de mourir – ce qui, heureusement, se produit moins souvent de nos jours –, qu'il y en ait au moins un qui pourra vous accueillir quand vous serez vieux. J'ai envoyé une jeune femme médecin pour se former, à Paris, à la méthode d'abstinence périodique dite « Billings », qui semble avoir eu beaucoup de succès dans l'île Maurice. Ça n'a pas marché non plus.

J'ai beaucoup réfléchi à ce problème. Je sais que les coptes orthodoxes encouragent leurs fidèles à n'avoir que trois ou quatre enfants qu'ils pourront élever correctement, plutôt que de se laisser déborder par une famille trop nombreuse qui risque de se laisser séduire par les milices islamistes. Moi, sœur Emmanuelle, j'ai essayé, dans mon milieu bien précis, de m'attaquer à ce problème. J'ai échoué. Je pense qu'en définitive la seule vraie réponse est celle qui m'a été fournie un jour par un grand spécialiste de ces questions, un médecin égyptien. Pour lui la solution passe par le travail des femmes. « Une mère de famille qui travaille, m'a-t-il dit, ne fait pas un enfant tous les dix mois et, de plus, elle augmente le revenu familial. » Les faits semblent lui donner raison. Depuis quelques années, nous avons ouvert à Mokattam, sur le terrain de l'usine de compost, un atelier de tissage à partir de chiffons, par lequel sont déjà passées une centaine de jeunes filles. Le fait de gagner de l'argent a complètement transformé le statut de ces filles, aussi bien dans leur famille que dans la cité. C'est sûr : elles ne feront pas un enfant tous les dix mois !

Ce n'est pas facile d'être une femme en Égypte. On m'acceptait dans les discussions d'affaires parce qu'on savait que je tenais les cordons de la bourse. Quand je lisais de la surprise sur le visage de mes interlocuteurs, je leur disais : « Excusez-moi. Chez nous, en Europe, les femmes discutent comme les hommes ! » Maintenant, je suis moins sûre que j'avais raison.

Pourquoi ? Vous trouvez qu'en Europe les femmes ne sont pas suffisamment libérées ?

Elles le sont beaucoup moins que je le pensais avant mon retour. Je rencontre beaucoup de femmes. Il y en a encore plus qui m'écrivent et qui me téléphonent. Et ce qui me frappe et ce qui m'étonne, c'est qu'en Europe aussi la femme semble être restée très tributaire de l'homme. D'abord parce qu'elle est anxieuse de plaire à l'homme. Je vois les magazines, je vois la publicité à la télévision, j'écoute les femmes. Tout tourne autour de l'obsession de plaire : comment avoir de beaux yeux, comment améliorer sa poitrine, sa peau, son nez, ses cheveux ! Je me suis rendu compte avec tristesse qu'un grand nombre des femmes donnent tellement d'importance à leur corps et à leur aspect physique que leur valeur intrinsèque d'être humain, avec une intelligence, un cœur et une volonté, passe au second plan.

D'après moi, je l'ai déjà dit, ce qui fait l'homme comme la femme, c'est la manière dont il ou elle regarde l'autre, dont il ou elle vit et aime, comment il ou elle se développe.

Je suis la première à reconnaître qu'une femme se doit d'être coquette. D'une certaine manière, je le suis moi-même ! Mais de là à être esclave de son corps, non ! Le plus dramatique, c'est quand une telle femme qui ne se voit que dans le regard de l'homme commence à vieillir. Jusqu'à cinquante ans, ça va encore. Après... j'en ai trouvé, ex-jolies femmes ayant dépassé cet âge, complètement effondrées. Elles ne plaisent plus. Leur vie n'a plus de sens. Elles semblent ne plus avoir d'identité.

J'ai remarqué une autre chose étrange. Aussi bien en France que dans d'autres pays d'Occident, presque chaque fois que je rencontre une « maîtresse femme », une forte personnalité, je devine que c'est une femme divorcée. Et quand elle me le confirme, je lui dis : « Vous avez trop de personnalité. Il n'y a pas beaucoup d'hommes qui pourraient supporter à leurs côtés une femme de votre valeur, car vous risqueriez d'être son égale, voire de lui être supérieure. »

Je crois que c'est dans la nature de l'homme – du mâle, j'entends. Il attend de la part de la femme une certaine admiration qui lui permettra d'être condescendant avec elle. C'est très fort en Afrique – certains hommes me traitaient comme une petite fille – mais ça existe aussi en Europe. Je crois qu'en France, comme dans les bidonvilles du Caire, une femme qui veut éviter que son mariage ne craque doit laisser d'une manière ou d'une autre à son mari l'impression qu'il la domine, qu'il a une certaine supériorité par rapport à elle. Il ne s'agit pas de se soumettre, mais il faut avoir suffisamment de cœur et d'intelligence pour qu'il se sente valorisé et éviter, surtout en la présence d'autres personnes, de se mettre en avant. Sinon, il sera tenté d'aller chercher cette admiration ailleurs. L'homme semble ainsi fait et je crois qu'on obtiendra difficilement qu'il change. C'est un peu comme ces belles statues du musée du Caire où le pharaon est toujours un peu plus grand que sa femme. Bien entendu, mon conseil aux femmes est plus facile à énoncer qu'à mettre en application. D'où, sans doute, le fait que les mariages qui épanouissent vraiment aussi bien la femme que l'homme ne sont, ici comme en Égypte, pas bien nombreux.

Le travail professionnel, évidemment, a complètement modifié la donne. Je connais nombre de femmes qui, à vingt-cinq, trente ans, étaient un peu « superwomen » : bonne situation, jolies, intelligentes, courtisées, pas le temps de penser au mariage. Puis, arrivées vers l'âge de quarante ans, les voilà tout à coup avec une sensation de manque, une angoisse même. Elles veulent un homme sur qui s'appuyer, ou elles veulent un enfant. Qu'est-ce que je pourrais leur dire ? Je ne suis pas Madame Soleil ! Tout ce que je peux leur expliquer, c'est qu'il existe des femmes seules – célibataires ou divorcées – qui sont des femmes merveilleusement épanouies parce qu'elles ont mis leur passion dans les autres : soit dans leur famille, soit à travers une œuvre sociale. Mais il est vrai qu'elles sont plutôt rares.

Non, je ne crois pas que les femmes européennes dans leur ensemble soient libérées. J'ai connu une femme écrivain qui raconte dans un de ses livres comment, folle d'amour, elle en était arrivée à passer la nuit sur le paillasson de l'élu de son cœur pour être sûre de pouvoir lui parler le matin. Quand je l'ai revue après avoir lu son livre, je lui ai dit : « Écrivez donc un livre sur une femme libérée de tous les hommes. Une femme libre qui s'en fiche que l'homme la regarde ou ne la regarde pas ! Elle existe, elle ! »

XII

La bonne conscience des coffres-forts

Le 31 mars 1974, gonflée à bloc, me voici donc partie à l'assaut de l'Europe. J'avais quelques adresses en poche qui m'avaient été fournies par l'évêque, le patriarche et mes amis jésuites, et une seule idée en tête : obtenir ces trente mille dollars pour acheter le terrain de foot et construire le club. Tout naturellement, j'ai commencé par Rome, où un prélat de la curie m'a été d'un précieux secours. Puis, au gré de mes propres relations aussi, j'ai fait la grande tournée : la Suisse, Londres, Aix-la-Chapelle, Bruxelles, la France. Parfois on me recevait avec une certaine froideur : à l'époque, tout le monde avait « sa » cause du tiers monde et les chiffonniers du Caire, personne n'en avait jamais entendu parler.

Mais moi, j'étais tellement bouleversée par le meurtre de Baazak que j'ai dû réussir à faire passer mon message. Quand je me trouvais en présence d'un responsable d'association, je lui demandais : « Dites-moi, qu'est-ce que vous faisiez le 11 février dernier au soir ? » Quand il m'avait expliqué que, très probablement, il se reposait, bien confortablement calé dans son fauteuil chez lui, je lui décrivais le bouge de Baazak et ses copains, sans chauffage et sans électricité, et je lui disais : « Vos enfants à vous, ils ne seraient pas allés au café pour tuer l'ennui ? » Quand je me trouvais devant un public nombreux, je parlais de mon bonheur de vivre avec les chiffonniers, mais aussi de leur dénuement et de la nécessité, au nom de l'Évangile, de partager. Je tablais surtout sur les enfants. Un soir, à Genève, je m'étais tellement laissé entraîner par mon sujet que je m'étais exclamée : « Il me faut ces trente mille dollars ou je ferai un hold-up ! » Le lendemain on a vu paraître un quotidien avec comme gros titre : « Une religieuse prête à commettre un hold-up ! » Je n'étais pas très fière de moi !

Pendant cette tournée, j'ai vu pour la première fois ce que j'ai pu vérifier tant de fois par la suite, à savoir que, contrairement à ce qui se dit bien souvent, les gens ne sont pas vraiment égoïstes. Quand on sait toucher leur cœur et qu'ils ont confiance en la destination de l'argent, ils sont d'une générosité incroyable. Et pudiques, en plus. J'ai encore en tête tous ces dons anonymes qui m'arrivaient à la fin de mes conférences, venant autant de gens très pauvres que de très riches. Un jour un homme m'a même apporté un lingot d'or !

Un mois après mon départ du Caire, je suis

revenue avec mes trente mille dollars et les travaux ont pu commencer. Mais les prix augmentaient et les besoins encore plus : après le terrain de sport, il a fallu de l'argent pour la maternité, pour l'école technique, etc. En 1976, j'ai donc refait un voyage en Europe, puis, en 1978, un troisième voyage, en Amérique, avec sœur Sara, puis un quatrième, un cinquième, je ne sais plus combien, jusqu'en 1993, quand j'ai pris ma retraite. J'aimais bien ces voyages mais, chaque fois, j'étais encore plus heureuse de rentrer.

S'occuper des pauvres, c'est vouloir remplir le tonneau des Danaïdes. Quand, au bout de dix ans la situation a commencé à prendre tournure à Ezbet el-Nakhl, des amis m'ont emmenée visiter un immense bidonville de chiffonniers situé au sud du Caire, entre la célèbre Cité des morts et Mokattam, la « Colline cassée » d'où ont été probablement extraites les pierres ayant servi à la construction des pyramides. Même misère, même dénuement. En 1982, sœur Sara et moi, nous nous sommes installées à Mokattam pour y lancer les mêmes activités. Et trois ans plus tard, nous avons redéménagé pour nous attaquer à un troisième bidonville, Meadi Tora, encore plus misérable, situé en bordure du désert.

« Boule de neige, boule de dollars », comme je dis souvent. Tous ces voyages ont rapporté beaucoup d'argent. Argent qui m'a permis, par la suite, de voler au secours d'enfants en difficulté dans d'autres pays du monde – le Soudan, le Sénégal, le Liban, les Philippines, Haïti. Mais je pense que le résultat le plus durable de ces tournées – qui me coûtaient, je n'aimais pas tellement quitter ma cabane – s'avérera être le fait qu'elles ont donné lieu à la création, dans plusieurs pays, d'associations d'« Amis de sœur Emmanuelle », un merveilleux réseau de solidarité avec les enfants du tiers monde. ASMAE – à l'origine « Aide sociale et médicale à l'Égypte » – qui, depuis ma retraite, assure la continuité de mes projets en les développant, a été créée en 1980. Là aussi il ne s'agit pas uniquement d'une aide financière. Dès 1982 des jeunes volontaires d'ASMAE Belgique sont venus à Mokattam construire une soixantaine de maisons pour les chiffonniers. D'autres, surtout des Français, ont bâti une école à Meadi Tora. Aujourd'hui, il y a des chantiers dans plusieurs autres pays. Les jeunes, et aussi les moins jeunes, se bousculent pour y participer.

Ce développement a sans doute été possible parce que vous étiez devenue, entre-temps, une personnalité « médiatisée », presque une vedette. Depuis quand les passants vous reconnaissent-ils dans la rue ?

J'ai commencé à être connue en 1977. Cette année-là, j'avais fait paraître mon premier livre, *Chiffonnière avec les chiffonniers*, qui avait eu un certain succès. J'avais déjà fait deux tournées en France. L'explosion est venue dans la nuit de la Saint-Sylvestre, quand Philippe Gildas a diffusé sur Europe 1 une émission qu'il avait enregistrée dans le bidonville. Les chèques ont afflué par milliers. En 1987 je suis intervenue au journal télévisé pour raconter les horreurs dont j'avais été le témoin au Soudan. Et puis, en juin 1992, j'ai été l'invitée principale de Jean-Marie Cavada, dans une émission de « La marche du siècle » consacrée aux enfants du tiers monde. Rediffusée en juillet de la même année, cette émission « rapporta » à ASMAE la somme record d'un million de francs et à ma modeste personne, c'est vrai, une certaine notoriété.

Quant à l'Égypte, au début de mes activités, on y avait plutôt tendance à se méfier de moi – à un certain moment, nous avions même dû interrompre la construction du centre Salam parce qu'on avait répandu la rumeur que c'était une église que nous étions en train de bâtir ! Mais là aussi le temps a fait son travail. En 1980, Jihane Sadate, la femme du président, nous a fait l'honneur d'inaugurer le centre Salam à Ezbet el-Nakhl. J'étais devenue la coqueluche des ambassadrices dont chacune avait adopté une famille de chiffonniers ! Et en 1991, quand j'ai célébré, dans une grande fête avec les chiffonniers, mes soixante ans de vie religieuse en présence de Danièle Mitterrand, madame Moubarak m'a fait annoncer que ma demande d'accès à la nationalité égyptienne était accordée. Ce fut pour moi un cadeau exceptionnel.

Il y a une chose qui me chiffonne dans mes interventions publiques. Je me rends compte qu'au cours de mes différentes visites, j'ai assez souvent pu choquer des gens. Que veux-tu ? Si un homme est riche et égoïste, c'est son affaire. Mais qu'il ose se dire chrétien, là je ne supporte pas. Ça m'est arrivé assez souvent d'apostropher un peu trop crûment les gens. Je me rappelle avoir dîné avec le patron d'une très grande entreprise d'armements. Je lui ai demandé s'il n'avait pas de problèmes pour dormir la nuit. J'ai interpellé des prêtres qui me semblaient s'être résignés devant le fait que l'Église attire si peu les pauvres. Je me suis fâchée contre des pèlerins et des touristes chrétiens qui, à mon avis, passaient à côté des réalités du tiers monde en ne visitant que des monuments. Après, je regrette toujours et je présente mes excuses... Mais le plus étrange est que, dans mes conférences, plus j'enguirlandais les gens, plus ils étaient généreux !

Un jour, en revanche, c'est vous qui avez été choquée !

Oui, c'était au début de mes voyages. En Belgique, après une conférence, un prêtre est venu me voir et m'a dit : « Vous demandez de l'argent aux riches pour en donner aux pauvres. Cela va certainement soulager la conscience des riches. Mais est-ce que vous vous rendez compte que ça ne va rien changer à la situation d'injustice qui règne dans le monde ? Avec votre action, vous

122

risquez de servir de bonne conscience aux coffres-forts ! »

Cela m'a fait beaucoup réfléchir et je me suis dit : c'est vrai, ce que je demande, ce n'est pas la charité mais la justice. Comment, d'ailleurs, aurais-je demandé qu'on me fasse l'aumône puisque je partageais la vie des gens dont je dénonçais le sort ? Mais après, quand je venais en Europe et que je voyais ces magasins débordants de victuailles, y compris de nourriture pour chiens et chats, cela m'est arrivé – et je l'ai parfois dit publiquement – d'avoir envie d'y mettre le feu. Je n'en pouvais plus, je n'en peux plus, de voir ce décalage entre le Nord et le Sud. J'ai commencé à dire, dans mes conférences, à l'instar de Don Hélder Câmara : « Avant de chercher à m'aider, regardez d'abord ce qui se passe dans votre immeuble, dans votre entreprise, dans votre quartier. Et partagez, partagez ! » Et j'ajoutais : « Chez moi, dans mon bidon-ville, même un enfant partage son carré de chocolat ! » Et j'ai dit aux enfants : « Tous ces jouets, tout cet argent de poche, vous en avez vraiment besoin ? Peut-être pourriez-vous donner à un enfant qui n'a jamais eu de jouet un des vôtres, non pas un vieux dont vous ne voulez plus, mais un neuf, en vous privant un peu ? » Les enfants, entre parenthèses, répondaient d'une façon magnifique.

Je suis une femme d'action. Ce n'est pas ma vocation de faire de la politique. Mais j'ai compris une chose, parce que je l'ai vue de près. Ce qui est injuste dans les relations Nord-Sud, c'est ceci :

le café, le cacao, le coton, le sucre et surtout le pétrole, toutes ces matières premières qui nous sont devenues indispensables, ce sont les pays pauvres qui les produisent et ce sont les pays riches qui refusent de les payer à leur juste prix. Ce n'est pas normal qu'en France, en Amérique, en Australie, un homme qui ouvre sa penderie y trouve une dizaine de pantalons, autant de chemises et plusieurs vestes. Alors que le fellah de la Haute-Égypte qui, lui, cultive le coton garde dans son coffre une seule *galabeya* de rechange et c'est tout.

Les cours des matières premières, c'est un problème compliqué et crucial. C'est pourquoi, dans toutes mes conférences et encore maintenant, je n'ai de cesse de répéter aux jeunes : « Devenez compétents. Faites de hautes études commerciales. Entrez dans les sociétés multinationales pour défendre un autre point de vue que celui des intérêts des pays nantis. Moi, je n'ai réussi à transformer que le petit monde autour de moi. Vous, c'est le monde tout court que vous devez changer ! » Et pour les aider à comprendre l'importance de la justice, je leur propose de passer, avant de se lancer dans la vie professionnelle, quelques mois dans un pays du tiers monde. Je les ai vus. Ils en reviennent complètement transformés. Avec un regard infiniment plus ouvert sur le monde et sur leur environnement.

XIII

Mes sœurs, ma famille

Je crois que c'est très important : tout ce que j'ai pu faire, j'ai pu le faire parce que je suis religieuse. D'abord parce que, pour moi, le choix de me faire religieuse avait signifié opter pour l'Absolu à travers l'amour des autres ou – c'est sans doute la même chose – choisir d'aimer les autres pour donner la priorité à l'Absolu. Je crois qu'une chrétienne laïque vivrait cela autrement, peut-être de manière moins intense. Cela m'avait beaucoup fait réfléchir, quand, à Ezbet el-Nakhl, cet ami orthodoxe m'avait dit : « Toi, on dirait que tu es une travailleuse sociale, on ne te voit jamais prier ! » Depuis, pour mon plus grand profit, je prie plus souvent et plus longuement. Personnellement, depuis le jour de mon entrée au noviciat, la participation quotidienne à l'eucharistie m'est indispensable. Cela pose parfois des problèmes, notamment quand je suis en voyage : il n'y a pas toujours une église catholique au coin de la rue. Et dans le bidonville j'étais obligée de me lever à cinq heures du matin ! Je crois qu'en près de soixante-six ans de vie religieuse, j'ai « raté la messe », comme on dit, trois ou quatre fois.

Deuxièmement, la vie religieuse m'apporte une règle et une communauté. Je suis certainement moins forte que mère Teresa de Calcutta qui a quitté sa congrégation et qui a dû souvent se battre toute seule. Moi, il me fallait une structure, une famille pour pouvoir marcher en cordée. Parce que je sais très bien que, toute seule, je risque de glisser. Dès les premiers jours, quand je suis entrée à Notre-Dame-de-Sion, j'ai trouvé une famille, une « cordée », et j'y ai même trouvé une mère. Je me rends compte aujourd'hui que, face à mère Elvira, je me suis un peu comportée comme une fille soumise, comme un enfant, alors qu'elle n'encourageait pas du tout ce comportement. Je l'ai déjà dit : sa mort a été pour moi un choc très dur et, en même temps, bénéfique. Un peu comme quand le Christ a dit : « Il est bon pour vous que je m'en aille. »

La cordée ? J'en ai eu besoin, pendant toutes ces années au cours desquelles j'ai vécu dans les bidonvilles. Tous les samedis, je retournais dans la communauté de Matareya, où habitaient et travaillaient trois sœurs de ma congrégation. Et, chaque semaine, je repartais chez les chiffonniers le lundi matin. Ça n'a pas toujours été facile. Surtout parce que je n'étais pas spécialement gentille. Les autres sœurs s'occupaient d'enfants pauvres mais pas de pouilleux, comme moi. Après tout, elles n'étaient pas obligées d'accepter la boue qui collait à mes souliers. Parfois je ne faisais pas attention à frotter mes chaussures comme il faut, alors il restait des morceaux de boue par terre. Une des sœurs, sans rien dire, prenait un balai et une pelle pour les ramasser. Ou bien elle commençait à se gratter et moi, tout de suite, d'éclater : « Écoute, des puces, moi j'en ai dix ou vingt, il n'y a pas de quoi en faire une histoire ! » Après avoir bu mon thé, je renversais ma tasse. Chez les chiffonniers, les feuilles disparaissent dans le sol, personne n'y fait attention. Une des sœurs se levait pour ramasser mes feuilles de thé, tout en me regardant, l'air de dire : c'était à toi de faire cela. On se chamaillait tout le temps.

L'appartement n'était pas grand et moi, je couchais dans la salle à manger. Avec ma saleté, avec mes puces, avec mon linge que je lavais comme je pouvais, c'étaient des relents d'un monde sauvage que je leur apportais. C'est vrai, je n'étais pas dans la norme. Mais la supérieure, sœur Ghislaine, qui m'a toujours soutenue, finissait chaque fois par dire : « Allez, on ne va pas se disputer pour un peu de thé ou un peu de boue. » Et, à la fin, on riait beaucoup. Encore une chose que m'a apprise mère Elvira : voir ce qui est bon, ne pas prendre les petits événements trop au sérieux.

Contrairement à ce qu'on pense souvent, je crois que, lorsqu'il existe entre elles une affection saine, des femmes peuvent vivre ensemble. Si elles ne s'aiment pas, eh bien oui, Sartre a raison, « l'enfer, c'est les autres ». Pour moi et ma communauté, ça a plutôt été le paradis. Pas un paradis à la Saint-Sulpice, où tout serait pour le mieux dans le meilleur des mondes. Non, j'ai de gros défauts et les autres ont les leurs. Moi qui suis très soupe au lait, je me chamaillais souvent, comme je le faisais avec mes frères et sœurs. Combien de fois n'ai-je pas dit : « Pardonnez-moi – en ce temps-là, on se vouvoyait encore –, je vous ai fait de la peine ? » L'autre me répondait : « Oui, vous m'avez fait de la peine... » et on s'expliquait.

L'une de mes supérieures avait pour coutume de répéter : « Dites-vous entre vous ce que vous avez sur le cœur. Crachez-le-vous au visage. Disputez-vous une fois pour toutes. Et que ce soit fini après. Inutile de raconter vos problèmes aux autres. » Une autre supérieure affirmait : « Si vous avez un différend avec sœur X, allez la chercher. Je veux vous entendre toutes les deux en même temps. » C'étaient des conseils pleins de bon sens. Parfois je voyais des sœurs qui, à neuf heures, s'étaient envoyé toutes sortes de choses à la tête, faire la vaisselle en chantant et en riant après le repas de midi. Je pense souvent à cette belle phrase de saint Augustin : « Nous autres hommes sommes comme des vases d'argile qui s'entrechoquent en cheminant. » Les chocs sont inévitables, peut-être encore plus dans les petites communautés de quatre ou cinq que dans les grands couvents d'autrefois. Ces chocs, je les vois aussi comme les vagues qui perturbent la surface. En dessous, la mer de la grande amitié qui nous unit reste calme. Nous nous portons les unes les autres. C'est ce que j'appelle la grande cordée. Quand j'ai eu la typhoïde, toutes les religieuses ont accepté de donner leur sang – ce qui n'était pas courant à l'époque. Quand j'ai perdu ma mère, ou encore pendant mes années difficiles, à Tunis, on m'a toujours soutenue.

Notre-Dame-de-Sion m'a aidée à apprendre à dédramatiser. Je tiens à préciser que j'ai été très heureuse dans ma congrégation.

Pourtant, avec votre caractère et vos activités, disons, peu conformes, vous avez dû poser quelques problèmes à votre congrégation ?

Oui, certainement. D'abord quand j'ai voulu vivre dans ce bidonville où, d'après ce que les gens disaient, j'allais risquer ma vie – pour faire quoi, d'ailleurs... ? La congrégation n'était pas d'accord, mais comme l'évêque du Caire avait demandé mon installation, elle m'a laissée libre. La provinciale me l'avait bien précisé : « Vous voulez absolument y aller. Je ne vous le défends pas. Mais comme il ne s'agit pas d'une œuvre de la congrégation et que, de plus, votre travail ne correspond absolument pas à notre vision de l'aide sociale, nous ne vous aiderons pas. » C'est donc l'évêque qui m'a versé, chaque mois, les deux dollars dont j'avais besoin pour vivre.

La congrégation n'a rien donné et elle ne demande rien. Officiellement, à la mort d'une religieuse, tout ce qu'elle possède est versé à sa congrégation puisque celle-ci lui tient lieu de famille. Or, dès que mes tournées ont commencé à rapporter de l'argent, mes supérieures m'ont dit : « Emmanuelle, fais attention, nous ne voulons pas de problèmes. L'argent que tu as collecté – et dont une partie est placée en banque pour que les intérêts puissent financer le fonctionnement des écoles – n'a pas été collecté pour nous. Donc, arrange-toi pour qu'à ta mort on ne se trouve pas devant une masse d'argent dont on ne saura quoi faire. »

Il y a eu un autre problème, aujourd'hui résolu : le problème de ma retraite. Pratiquement depuis le jour de mes quatre-vingts ans – il y a six ans déjà ! – ma congrégation me demandait de revenir en France pour me reposer. Jusqu'en 1992, j'avais obtenu chaque année un répit d'un an. J'avais décidé que je voulais passer mes derniers jours parmi les chiffonniers. Puis, peu à peu, mes supérieures ont su me convaincre qu'il était bon, aussi bien pour moi que pour les chiffonniers et ceux qui ont pris ma succession au Caire, que je m'en aille, que les autres prennent leurs responsabilités. J'ai donc fait le grand saut en août 1993. J'ai parfois quelques problèmes car je suis toujours aussi passionnée, aussi prête à l'action. Ce changement de vie représente pour moi une acceptation de la volonté de Dieu, une renonciation. Faire en sorte que cette renonciation soit à la fois totale et douce, cela aussi c'est passionnant. Je sais que ce sera possible si je ne m'appuie pas sur moi-même mais sur le Seigneur.

À vous entendre, à vous voir vivre surtout, on est frappé de constater qu'une religieuse peut être une femme libre. Comment se fait-il alors que les congrégations religieuses attirent aujourd'hui si peu les jeunes ?

Je crois que les jeunes filles de maintenant ne comprennent pas ce que veut dire la consécration religieuse. Je ne parlerai pas des religieuses contemplatives qui, dans la mesure où elles proposent un style de vie radicalement en rupture avec la vie moderne, semblent encore attirer un certain nombre de jeunes. Mais pour ce qui est des religieuses dites « apostoliques » ou « actives », c'est-à-dire des femmes consacrées qui, travaillant comme infirmières, professeurs ou assistantes sociales, sont habillées comme tout le monde et vivent en appartement, je crois que c'est plus difficile à comprendre. Beaucoup de jeunes filles m'ont dit : « Mais ma sœur, quelle différence y a-t-il entre une religieuse qui fait le même travail et moi ? Elle va peut-être à la messe tous les jours, moi j'y vais souvent. Elle prie, moi je prie. Elle rentre chez elle, je rentre chez moi. Elle a un appartement, une voiture. Moi aussi. Je ne vois pas pourquoi je me ferais religieuse. Je suis très bien comme ça ! »

Apparemment elles ont raison, ces jeunes filles. Les actes sont les mêmes. Mais elles ignorent ou oublient que l'être humain ne se définit pas uniquement par ses actes. L'homme est fait de sa manière de penser, d'aspirer, de respirer, de trouver un sens à sa vie. Je crois que la différence entre la religieuse et la femme laïque tient à leur vision de la vie privée. La femme laïque peut travailler avec le même amour et le même dévouement à la même œuvre que la religieuse, mais si elle gagne plus, elle pourra devenir propriétaire et s'offrir de beaux voyages et si elle rencontre un homme qui lui plaît, elle se mariera et elle aura bien raison. La religieuse, du fait qu'elle s'est consacrée, a décidé de sacraliser sa vie tout entière, autrement dit de la donner à Dieu et aux autres. C'est fini. Elle ne se reprendra plus. Les vœux qu'elle a prononcés l'ont définitivement engagée dans une vie donnée qui implique qu'elle ne prendra jamais de mari et qu'elle ne gagnera jamais plus d'argent qu'il ne lui en faut pour vivre. Et si on le lui dit, elle ira au bout du monde. Parce qu'elle cherche à atteindre un bien supérieur, l'Absolu. La religieuse peut vivre le métro-boulot-dodo comme les autres, mais elle vit autre chose en même temps.

C'est curieux. Parfois j'ai l'impression qu'on comprend mieux ce que représentent les religieux et les religieuses dans les pays non chrétiens et dans le tiers monde qu'en France. Ici, on attend de la part de la religieuse ou d'un prêtre une sainteté parfaite. Quelqu'un m'a dit récemment :

« Ma sœur, j'ai perdu la foi parce que, en terminale, la religieuse qui nous faisait faire des promenades prenait toujours les meilleurs sandwichs pour elle. » Cela me paraît très bizarre comme conception de la foi : cette religieuse avait peut-être des qualités qui auraient pu faire oublier sa gourmandise !

Tous ces Français devraient faire un petit voyage en dehors de leurs frontières. Cela me frappe de constater à quel point, en dépit des ambiguïtés datant de l'époque coloniale, les religieux et les religieuses sont respectés dans les pays que j'ai visités. Partout, j'ai toujours été bien accueillie, parce que, tout naturellement, on fait confiance aux religieux. Tous les gouvernements, y compris les plus hostiles à la religion, cherchent à embaucher des sœurs dans leurs hôpitaux. Et quand les religieuses prennent fait et cause pour les pauvres, elles deviennent une force redoutable. On l'a vu en 1986, lors de la grande manifestation populaire contre le président philippin Marcos. Ce sont des religieuses récitant leur chapelet qui ont fait reculer les chars du dictateur !

XIV

Vive le grand âge !

Certains s'étonnent parfois que j'aie pu m'installer dans mon bidonville à l'âge de soixante-deux ans. Eh bien, pour moi c'est clair : si j'avais eu quarante-deux ans ou même cinquante-deux, je n'aurais pas pu faire ce que j'ai fait. C'est une question d'apparence physique, très importante surtout en Égypte. Une femme de soixante-deux ans a déjà le physique d'une femme âgée ; cela lui donne, pour ainsi dire, un nouveau statut, comme si elle appartenait au genre neutre. Mon successeur, sœur Sara, n'ayant pas encore cinquante ans, ne peut pas faire tout ce que j'ai fait, moi, en 1971. C'est impossible. Elle ne peut pas s'asseoir seule dans un café, elle ne peut pas s'aventurer sans escorte dans certaines ruelles. Alors que moi, je n'ai jamais eu le moindre problème. Dès 1971 j'ai pu aller dans des lieux où il n'y avait que des hommes. Ils viennent tous autour de moi, on boit le thé, on discute et on rit. Tu penses, avec ma blouse, mon fichu et mes baskets, je ne suis une rivale pour personne !

Partout où je suis allée, même en Europe et en Amérique, mon âge a toujours joué en ma faveur. Je crois que, religieuse ou non, la femme d'un certain âge peut, du fait qu'elle se situe en dehors des rapports de séduction habituels entre hommes et femmes, se comporter avec davantage de liberté. Moi, j'aime bien rire et m'amuser et, comme je suis une vieille femme, je peux dire la même chose à un monsieur qu'à une dame. Cela étonne parfois. Il arrive qu'on me dise : « Dites donc, sœur Emmanuelle, vous ne deviez pas être très sérieuse quand vous étiez jeune ! » Bien sûr, je me récrie ! Ayant pendant si longtemps pratiqué l'arabe où le « vous » n'existe pas, j'ai tendance à tutoyer assez rapidement les gens que j'ai rencontrés une ou deux fois, comme Jacques Delors ou Jacques Chirac. Je décroche mon téléphone : « Comment vas-tu, Jacques ? » Ça passe parce que je suis vieille.

De fait, je suis très contente d'avoir mon âge. Je suis devenue religieuse parce que je voulais échapper aux rapports de séduction qui, en raison de mon caractère passionné, m'attiraient trop. Maintenant, j'en suis dégagée et je peux avoir avec les hommes des relations fraternelles d'une richesse incroyable. Quand tu es vieille, la relation entre hommes et femmes prend une tout autre coloration. N'étant plus fondée sur la séduction, elle permet d'accéder à un niveau qui, pour ainsi dire, dépasse la matière et le corps pour atteindre le niveau intellectuel. Chaque amitié quelque peu profonde avec un homme ou une femme est une source d'enrichissement mutuel. Or ce n'est que depuis que je suis parvenue à un certain âge que je peux entretenir ce genre d'amitié avec des hommes.

Je dis « vieille », mais je ne me sens pas vieille du tout. Je me sens la même qu'à quarante, cinquante, soixante, soixante-dix ans. Bon, je marche un peu moins bien qu'avant, mais je ne me sens pas du tout handicapée par l'âge. Au contraire, je me sens enrichie par l'âge. Parce que – c'est évident – j'ai aujourd'hui, à quatre-vingt-six ans, un acquis que je n'avais ni à soixante-quinze, ni à quatre-vingts ans. Chaque expérience, chaque endroit où je suis passée – depuis Istanbul qui m'a apporté la maturité, en passant par Tunis qui m'a donné la force de résister aux difficultés, jusqu'aux chiffonniers qui m'ont fait découvrir l'homme nu, sans masque – m'a enrichie. Ou plus exactement – c'est très curieux –, d'expérience en expérience, de relation en relation, de substrat en substrat, j'ai commencé à me sentir à la fois très pauvre et très riche. Très pauvre parce que j'ai l'impression qu'à tout prendre, mes connaissances, ma pensée, ma vision du monde avaient quelque chose de super-ficiel, d'artificiel et qu'il fallait que ça tombe. Eh bien, c'est tombé. Comme un serpent qui s'est dépouillé de sa peau.

Maintenant tout est devenu plus simple, tout s'est purifié. Au fur et à mesure que l'homme se rapproche de Dieu, il se rapproche de la vérité de Dieu et de l'homme, donc il se simplifie. Avant, je me passionnais pour tout, pour les idées, les discussions, les théories. Je dévorais les livres dont je consignais les résumés dans des cahiers de couleurs différentes : vert pour la théologie, rouge pour la littérature, etc. Eh bien, quand je suis partie m'installer chez les chiffonniers, j'ai jeté tout ça dans la grande chaudière de notre couvent d'Alexandrie, sans le moindre regret. Ce qui n'a pas empêché mon esprit de continuer, pendant longtemps, à travailler comme avant ! Maintenant que je suis définitivement entrée dans la vieillesse, il ne reste de tous ces discours et de toutes ces angoisses que deux petites phrases : « Dieu s'est fait homme » et « L'homme est mon frère ». Je crois qu'il faut avoir quatre-vingts ans passés pour arriver à ce dépouillement. Moi, en tout cas, avant, je n'ai pas pu.

Puisque vous vous sentez si jeune, ça ne doit pas être facile de vivre dans une maison de retraite perdue à la campagne ?

Je le répète : je ne serais pas venue ici de moi-même. Je me sentais encore utile et, surtout, cela me faisait mal – cela me fait toujours mal – de vivre dans le confort, avec l'eau, l'électricité et le médecin à portée de main, alors que mes frères et sœurs dans le bidonville sont toujours dans le besoin. Bon, maintenant que j'ai sauté de l'autre côté de la barrière, je peux vivre ma vieillesse, je dirais presque comme une apothéose, comme un accomplissement. Avant, j'étais aspirée par l'action, maintenant je me laisse aspirer par le silence et la sérénité. Toute ma vie, je me suis battue avec une fureur de vivre incroyable. Même ma démarche était précipitée. Les jeunes qui me suivaient disaient : « Mais vous courez, ma sœur ! On a du mal à vous suivre ! » Et moi, je répondais : « Il faut avancer, mes amis. Il y a tant de choses à faire. » Maintenant, je n'ai plus besoin de courir. Mais la bataille continue. Elle s'est simplement déplacée du plan matériel au plan spirituel. C'est ça, l'apothéose de la vieillesse, et je trouve cela merveilleux.

De plus, vivre avec des sœurs âgées, cela m'a toujours comblée. Quand nous habitions encore, à cinquante ou soixante, dans nos grands couvents, il y avait un pavillon où logeaient les sœurs anciennes et malades. Toute la maison était comme embaumée de la douceur et de la gentillesse de ces femmes qui, après avoir lutté et, parfois, été très désagréables, s'étaient complètement apaisées. Elles nous disaient : « Je prie pour vous. Ce n'est pas facile. Moi aussi je suis passée par là. » Dans leur grande sagesse, certaines de ces vieilles religieuses m'ont beaucoup aidée.

Aujourd'hui, les religieuses de Notre-Dame-de-Sion qui ont cessé leurs activités sont regroupées dans différentes maisons de retraite dont celle-ci, où j'habite depuis 1993. J'y ai retrouvé avec un grand plaisir plusieurs sœurs que j'avais connues en Turquie, en Égypte et en Tunisie, en particulier celles avec lesquelles j'avais l'habitude de me disputer. Nous nous rappelons nos frasques en riant. Il y a celles qui ne marchent pas, celles qui ne voient pas. Nous cherchons toutes à nous entraider. Par exemple, tout le monde tient absolument à m'apporter des chaussettes, comme si, venant d'Égypte, je mourais de froid. J'ai remarqué une chose : ce sont précisément les sœurs qui ont passé leur vie à lutter contre un caractère plutôt difficile qui connaissent des vieillesses comme de beaux couchers de soleil. Les infirmières en sont tout étonnées : celles qui avaient l'habitude de faire un drame de tout sont les plus faciles à soigner. S'agissant de l'âge, le dicton a bien raison qui dit : « L'arbre tombe du côté où il penche. » On prépare sa vieillesse toute sa vie. Pour moi, sœur Emmanuelle, en tout cas, la vieillesse est le bel âge.

Vous avez dû constater, en revenant en France, que cette vision positive de la vieillesse n'est pas partagée par la plupart de nos contemporains ?

Je suis bouleversée par les lettres que je reçois. Celle-ci par exemple, qui m'a marquée, venant d'une grand-mère de soixante-cinq ans, bien plus jeune que moi : « Ma sœur, j'ai élevé cinq enfants. Aujourd'hui je suis seule. Mes enfants ne s'intéressent plus à moi. Je me meurs de solitude. » « Je me meurs de solitude », c'est épouvantable. Beaucoup de lettres me disent la même chose d'une façon moins éloquente. C'est la mort sociale, la mort affective. Je sais, les familles ont de moins en moins d'enfants. Ces enfants partent loin. Les femmes travaillent. Les appartements sont trop petits pour accueillir les vieux parents... Alors certaines personnes âgées vont dans des maisons de retraite... J'en ai visité. C'est terriblement triste. J'ai vu des gens se laisser complètement aller parce qu'ils n'ont plus personne de proche qui leur donne une raison pour sortir de leurs petites misères. Ici, c'est différent. Les religieuses – c'est-à-dire la majorité des pensionnaires – s'étant connues avant, elles se retrouvent un peu comme les membres d'une famille. Même les « dames », comme nous disons, celles qui ne sont pas religieuses, se disent heureuses de l'ambiance chaleureuse qui règne dans cette maison.

Je crois que beaucoup de personnes âgées aujourd'hui vivent une mort lente. Notre civilisation favorise cette déchéance parce qu'on ne peut plus garder les grands-parents à la maison. La grand-mère dans son fauteuil avec un bébé sur les genoux, même si elle n'est plus très consciente, a un petit éclair dans ses yeux qui réchauffe le climat de la famille et qui la réchauffe elle-même. Je me souviens de bonne-maman, comment elle nous entourait, comment nous l'entourions. Si elle avait passé ses dernières années dans un foyer pour personnes âgées, ça aurait été terminé pour tout le monde.

Mais il n'y a pas que du tragique. Je reçois des lettres extraordinaires de personnes qui, dans leur vieillesse, ont retrouvé Dieu et qui ont commencé avec Lui une relation très simple qui leur apporte beaucoup. J'en ai d'autres qui me disent : « Ma sœur, si vous saviez comme je suis entourée ! » Je pense qu'il s'agit là de femmes qui ont su ne pas miser exclusivement sur leur beauté et leur attrait physique. Qui ne sont pas comme toutes ces malheureuses qui m'écrivent : « Plus personne ne s'intéresse à moi » et qui, de fait, me touchent beaucoup parce que moi aussi j'aimais briller dans ma jeunesse et j'aurais pu passer par là. Ce sont des femmes qui ont aussi misé sur leur intelligence, sur leur sensibilité : qui n'en connaît pas de ces grand-mères, de ces dames âgées qui ont un grand rayonnement ? Et qui ne connaît pas de jeunes qui trouvent plus de compréhension chez leurs grands-parents que chez leurs parents ? La vieillesse apporte un gain de sagesse qui attire les jeunes.

Quand j'étais petite, j'allais offrir régulièrement des violettes à une vieille Russe blanche qui habitait à deux pas de chez nous, à Bruxelles. Il y avait entre nous un courant de complicité et de joie qui m'a beaucoup apporté. C'est pourquoi, souvent, dans mes conférences, je dis aux jeunes : « Vous voulez partir à l'autre bout du monde ?

C'est bien. Mais en attendant, commencez par rendre visite à votre grand-mère ou à la vieille amie de votre mère. Vous verrez : vous y gagnerez tous les deux ! »

XV

Retour au pays

C'est une expérience très étrange que de revenir sur un continent plus de soixante ans après l'avoir quitté. L'Europe que j'avais connue en 1931, et où je n'étais revenue que très rarement, était une société dans laquelle chacun avait sa place. Certes, les ouvriers avaient une vie assez dure mais ils ne mouraient pas de faim. Tout homme qui voulait travailler trouvait un emploi, avant la « grande crise » du moins. Dans la classe bourgeoise à laquelle j'appartenais, il n'y avait pas de problème. Les filles avaient une vie toute tracée. Pas question pour elles de travailler. Elles se mariaient les unes après les autres ou quelques-unes se faisaient religieuses, comme moi. J'avais donc quitté une Europe « normale » à mon sens. Pour moi qui me battais pour la justice dans le tiers monde, je m'imaginais que l'Europe était un continent riche.

Puis tout à coup, soixante ans plus tard, j'ai

ouvert les yeux sur une société complètement ébranlée. Où il n'y a plus de repères, comme on dit. Où il n'y a plus guère de travail. Où beaucoup de gens semblent avoir perdu courage. C'est en Allemagne que j'ai entendu, pour la première fois, des jeunes me confier que cela ne servait à rien de faire des études puisque « de toute façon il n'y a pas de débouchés ». Peu à peu, j'ai commencé, au cours de mes tournées, à me rendre compte de la réalité du « quart monde » en France. J'ai visité au moins une cinquantaine de communautés Emmaüs, j'ai vu des familles de Français vivant dans des caravanes en plein milieu des champs, sans eau, sans électricité. J'ai été absolument scandalisée. Tu comprends ? J'étais devenue une pauvre chiffonnière ; depuis 1971 je ne lisais plus ni livres ni journaux. J'étais à mille lieues de soupçonner que dans un pays riche il puisse y avoir tant de problèmes sociaux non résolus.

J'ai voulu comprendre. À partir de 1990, j'ai demandé aux responsables de mon association, ASMAE, de m'aider à mieux connaître la réalité française. Ainsi j'ai pu prendre contact avec des prisonniers, des prostituées, des sidéens, des gens de la rue... Cette découverte de l'envers de la médaille m'a bouleversée. Alors, comme c'est dans mon tempérament de toujours chercher une réponse immédiate aux questions qui se posent, je me suis mise, à chaque passage dans une nouvelle ville – et j'ai visité un assez grand nombre de villes en France –, à apostropher directement les autorités.

Très souvent c'était le maire qui me recevait à dîner. Assise à sa droite, je l'interrogeais : « Dites-moi, monsieur le maire, que faites-vous pour tous les cas sociaux dans votre commune, les chômeurs, les jeunes sans diplôme, les personnes âgées qui sont seules, etc. ? » Parfois on me donnait des réponses positives faisant état de tentatives de solutions concrètes. Parfois je n'ai eu que de belles paroles. De belles paroles, il y en a un peu partout !

La deuxième chose qui m'a frappée – et dont j'ai souvent parlé dans mes conférences –, c'est l'extraordinaire morosité des Français. Je venais de mon bidonville où, en dépit de toute la saleté et de tous les problèmes, règne la joie de vivre et j'arrive dans le métro parisien. C'était incroyable ! Je regardais ces gens, chacun assis dans son coin sans oser regarder son voisin, avec ces têtes d'une tristesse pas possible. J'avais envie de leur dire : « Qu'est-ce qui vous est arrivé ? On vous a tout volé ? Vous avez perdu un être cher ? Mais enfin, qu'est-ce que vous avez ? » Cela m'a fait réfléchir. Je suis comme tout le monde. Si je vivais à Paris, je ferais sans doute la même tête triste. Mais pourquoi ? Il doit y avoir une raison. Comment se fait-il qu'un pauvre diable de chiffonnier qui vit dans une cabane sans eau, sans électricité, sans le moindre confort, qui n'a aucun loisir à l'extérieur – sauf, s'il est un homme, le minable bistrot du coin – paraît plus heureux qu'un Européen qui a tout ?

J'ai vécu une expérience époustouflante au Sénégal. Dans des cabanes dont les murs étaient en carton bouilli et le sol en terre battue, j'ai rencontré un groupe de femmes qui m'ont expliqué qu'il n'y avait pas de travail pour elles mais qu'elles « se débrouillaient » en ramassant les fruits et les légumes qui restaient après la fin du marché. Il n'y avait rien dans ces cabanes. Et quand je dis rien, c'est rien. Or ces femmes, pendant toute la durée de ma visite, n'ont pas arrêté de rire et de s'amuser. Elles paraissaient les femmes les plus heureuses du monde. Je n'arrive pas à m'expliquer cela. Est-ce le fait de ne pas avoir sous les yeux le luxe des autres ? De ne pas être constamment tenté, comme on l'est à Paris, à cause des vitrines, de la télévision, des affiches, etc., par les plaisirs de la société de consommation ? Qu'est-ce qu'il faut, finalement, pour qu'un homme soit heureux ? Je n'en sais rien. Toujours est-il que moi, j'ai constaté que moins tu as, plus tu vis. Je le crois dur comme fer.

La troisième surprise que j'ai eue en arrivant en Europe fut ma découverte de l'étendue de la détresse morale. Chaque fois, après mes conférences en France, en Belgique, en Suisse, en Allemagne et en Autriche, j'avais de longues conversations avec toutes sortes de gens et c'est là qu'à mon grand étonnement, je me suis trouvée confrontée à un monde insatisfait, en plein désarroi. Des gens qui, en apparence, ont « tout pour être heureux » me parlent de tentatives de suicide, d'autres qui n'ont jamais eu de problèmes sont fous d'inquiétude parce que leurs enfants se droguent. Des gens découragés, des gens désespérés qui ne voient plus de sens à leur vie : je reçois beaucoup de lettres de ce genre. Et très souvent ces correspondants ajoutent : « J'ai honte d'insister sur ma détresse alors qu'il y a tant de drames en Bosnie, au Soudan, en Somalie. » Ils sont conscients du décalage. Mais en attendant, leur malheur est là, bien réel.

Vous êtes bien pessimiste. Ne voyez-vous pas un seul point de lumière dans l'évolution de notre société depuis soixante ans ?

J'aime beaucoup les jeunes d'aujourd'hui. La majorité d'entre eux, ceux que je rencontre en tout cas, sont infiniment plus ouverts, plus fraternels, plus solidaires avec les pauvres que nous ne l'étions de notre temps. Dans les années trente, personne dans les classes bourgeoises ne se préoccupait ni des pauvres ni du tiers monde. À Bruxelles, nous savions que le Congo nous rapportait de grandes richesses. Et on se donnait bonne conscience en se montrant généreux de temps en temps. Aujourd'hui, les jeunes partent sac au dos aux quatre coins du monde, ils n'ont peur de rien. Ils sont prêts à entrer en amitié avec le premier venu. Je les vois dans nos chantiers – les chantiers d'ASMAE – manier la truelle pendant trois semaines sous un soleil de plomb, jouer avec des gamins sales, dont ils ne parlent pas la langue. Ils sont merveilleux !

Et les filles se défoncent encore plus que les garçons ! Ces jeunes ont compris une chose qui me paraît essentielle, c'est que pour apprendre à être homme, il faut sortir de sa caste. Pas forcément des frontières de son pays – comme on dit, il faut commencer par balayer devant sa porte –, mais il faut savoir sortir de son milieu culturel. La plupart des gens vivent enfermés dans leur caste, lisant les mêmes journaux, regardant la même chaîne de télévision, fréquentant les mêmes copains. Si bien qu'ils portent des œillères. Je sais de quoi je parle. J'ai eu de très grosses œillères, de différentes sortes. La vie que j'ai menée les a cassées les unes après les autres. Moi, il m'a fallu des années pour arriver à cette ouverture d'esprit. Les jeunes d'aujourd'hui partent dans nos chantiers avec une bien meilleure compréhension de la vraie valeur de l'homme que celle que j'avais à leur âge.

Pour moi, le véritable problème est la persistance des privilèges. Nous avons fait la nuit du 4 Août qui était censée les abolir. Mais il en reste tout plein, des privilèges ! C'est révoltant ! Je trouve que tous les jeunes et en particulier les séminaristes – j'ai eu l'occasion de le dire au cardinal Lustiger – devraient pendant au moins six mois aller vivre dans la brousse du tiers monde ou partager, dans une caravane, la vie d'une famille de SDF. Quand je parle avec quelqu'un, je vois dans les cinq minutes si cela lui est arrivé de quitter son petit lopin de terre ou pas. Ce que je constate, en tout cas, c'est que le luxe et les privilèges n'apportent pas le bonheur. Souvent ces gens qui m'écrivent leur détresse me semblent vivre enfermés dans leur coquille, repliés sur eux-mêmes. Parfois j'ai envie de leur crier : « Mais vous n'avez donc pas compris que votre bonheur dépend de vous ! Pas de votre femme, pas de vos circonstances de vie ni de votre salaire. Mais de vous, de votre regard, de votre écoute des autres, de votre cœur ? »

Est-ce que la femme d'action que vous êtes a une réponse à cette détresse ?

Difficilement. J'ai découvert que, parce que les hommes sont généreux, il est plus facile de donner à manger à sept mille petits Soudanais que d'empêcher un jeune désespéré de se suicider. Je crois que même la mère la plus aimante, l'épouse la plus éprise est impuissante devant un enfant ou un mari qui ne voit plus de raison de vivre. C'est terrible. Nous nous trouvons dans un monde tellement en ébullition que beaucoup de gens semblent être pris comme dans des sables mouvants. Il y a souvent un manque de don aux autres, de regard vers l'autre, d'écoute de l'autre qui fait que les problèmes dans lesquels on est englué paraissent gigantesques. Et pour s'en sortir, pour retrouver un minimum d'écoute et de fraternité, trop de gens malheureux cherchent la solution dans les sectes où l'on n'aide que ceux qui pensent comme vous. Ce qui m'afflige le plus, ce sont ces aigris – surtout quand il s'agit de jeunes – qui ont perdu toute confiance en l'homme. Qui disent : « Tout est magouille, il n'y a plus personne d'honnête. » Bien sûr, je peux essayer de leur faire partager ma conviction que rien n'est jamais désespéré, que, comme pour les grenouilles dans le lait, le temps de retrouver sous ses pieds une motte de beurre, l'action est toujours possible. Que celui qui est habité par l'amour n'est jamais malheureux. Je demande parfois aux gens de regarder autour d'eux pour voir s'il n'y a personne qu'ils puissent aider. Il m'est arrivé ainsi de connaître des revirements extraordinaires. Je pense à une femme que j'ai connue, six mois après la mort d'un fils, plongée dans une dépression effroyable. Elle m'a recontactée quelques mois plus tard en disant : « Ma vie est transformée. Je suis devenue visiteuse d'hôpital. Je me rends compte maintenant que je ne vivais que pour moi, mes enfants, mon mari, mon petit bonheur. » À tel autre qui, ayant su triompher de l'idée de mettre fin à ses jours, a retrouvé le goût de la vie en se mettant au service de ses proches.

Toutes ces lettres, toutes ces rencontres avec des Européens, en m'ouvrant les yeux sur la détresse spirituelle et morale de mes contemporains, m'ont fait comprendre que ma vie dans le bidonville où je me contentais de donner du pain et de l'instruction manquait un peu d'horizon. Un jour, quand j'ai reçu la énième lettre me disant : « Ma sœur, j'en suis à ma quatrième overdose. Je vais mourir. Priez pour moi », je me suis rendu compte qu'effectivement, là, on ne peut rien faire. Il n'y a que la prière. C'est pourquoi, en 1993, j'ai exprimé mon accord pour partir dans la maison de retraite où je vis actuellement. Pour devenir la « sœur universelle ». Pour prier.

Il y a quelques années, j'ai suivi un malade du sida jusqu'à la mort. Je le voyais, je lui téléphonais, je lui écrivais. J'ai vécu de très près cette terrible déchéance et cette souffrance. La lutte que je mène maintenant ne me demande plus de courir et de me bouger. Au contraire. À la chapelle, en restant très silencieuse, je laisse pénétrer dans mon cœur et dans mes pensées les drames du monde, les souffrances de mes correspondants. Je sais. Ma prière ne ramènera pas le mari volage. Je m'adresse souvent à la Vierge qui, elle, n'est jamais désespérée. Ma prière pourra aider ma correspondante à faire face et à retrouver un sens à sa vie. Car même l'épreuve la plus épouvantable peut nous apprendre à devenir plus homme, plus femme. Je crois que depuis que j'ai quitté Le Caire, je vis plus près de l'humanité.

XVI

La colère et la joie

Depuis que je suis toute petite fille, je vis dans la joie. Même pendant mes années les plus difficiles, quand j'ai envisagé de quitter ma congrégation, je restais optimiste en me disant : « Tiens bon ! Si tu es dehors, tu feras autre chose. Tu te débrouilleras. Allez, va ! » Aujourd'hui, dans ma maison de retraite, cette joie passe, peut-être plus qu'avant, par les petites choses de la vie : un livre qu'on me prête, un bouquet de fleurs pour une sœur malade, un petit mot gentil. C'est merveilleux de pouvoir affiner tous les petits bonheurs de chaque jour. De plus, j'aime la contradiction. La bataille est pour moi une source de joie. C'est l'action qui fait vivre.

Il y a une phrase de Marc Aurèle qui me tient à cœur. Je l'ai transformée en prière : « Seigneur, donne-moi le courage de changer ce qui doit être changé, la sérénité d'accepter ce qui ne peut être changé et la sagesse de distinguer l'une de l'autre. »

C'est une prière dont j'ai réellement besoin, car je sais que je suis souvent trop en avance et pas assez patiente. Toute ma vie, je me suis emportée contre l'injustice, mais je sais que par mes colères j'obtenais parfois l'effet inverse. J'ai trop souvent hurlé.

Je me souviens en particulier d'un épisode que je me reproche encore. C'était un dimanche matin quelque part en France. On m'avait demandé de prononcer l'homélie et de témoigner sur mon expérience avec les chiffonniers. Tout à coup, en voyant devant moi tous ces gens bien mis, a surgi dans mon esprit la phrase de Gustave Flaubert parlant d'une domestique qui avait bien servi son maître pendant cinquante ans : « Et devant ces bourgeois épanouis, ce demi-siècle de servitude. » C'était plus fort que moi. J'ai commencé à hurler.

J'ai dit : « C'est très bien. Vous êtes de bons chrétiens. Vous allez à la messe. Vous priez et vous vous apprêtez à donner quelques sous, peut-être un peu plus, aux chiffonniers. Puis après, vous repartirez chez vous où vous avez tout ce qu'il faut – certains d'entre vous vivent même carrément dans le luxe – et vous aurez bonne conscience... Mais enfin, vous êtes chrétiens, oui ou non ? Et tous ceux qui souffrent ? Et tous ceux qui meurent ? Les enfants qui crèvent de faim au Soudan ? Est-ce que vous vous en occupez ? Non ! Vous n'y pensez jamais ! Vous êtes là en famille. Chacun d'entre vous est sans doute un honnête homme qui ne trompe pas sa femme ou une honnête femme qui ne trompe pas son mari. Donc vous aurez tous le paradis à la fin de vos jours. Vous êtes de bons catholiques, n'est-ce pas ? Bon. Et après ? » Je voyais bien que les gens étaient complètement abasourdis. C'étaient de braves gens venus écouter la sœur Emmanuelle qui devait leur parler des petits chiffonniers pour lesquels ils étaient prêts à donner au moins un billet de cent francs, et voilà qu'elle se mettait à les injurier copieusement ! Mais moi, plus je me disais : « Ça suffit, Emmanuelle, parle d'autre chose, de quel droit tu les mets en accusation comme ça ? », plus je hurlais. Après, au déjeuner de la paroisse, j'ai dit : « Pardonnez-moi, je suis allée un peu trop loin. » Mais le curé s'est contenté de répondre : « Ce n'est pas grave, ça leur fait du bien ! »

Très souvent aussi, je me suis mise en colère contre les voyages organisés dans le tiers monde, en particulier contre les pèlerinages qui, à mon avis, passent parfois à côté des réalités du pays. Par exemple, le voyage organisé par la revue *Informations catholiques internationales* en Égypte, dans les années quatre-vingt. Ils étaient venus me voir dans le bidonville. À la fin de leur séjour je leur ai dit : « Écoutez, est-ce que vous avez compris quelque chose à ce pays ? Est-ce que cela vous a amenés à vous remettre en question ? Vous avez vu des gens qui vivent dans l'extrême pauvreté. Si toutefois vous les avez vus, car dans les beaux hôtels où vous avez fait étape, il ne devait pas y en avoir beaucoup. Est-ce que vous vous rendez compte qu'il existe des millions de gens comme eux qui mangent des fèves tous les jours et rien d'autre ? Moi je vous dis que vous n'avez pas le droit de dépenser tant d'argent pour faire un beau voyage et de retourner chez vous comme vous êtes venus. On n'a pas le droit de vivre aujourd'hui tranquillement assis sur sa fortune, en donnant un petit billet par-ci par-là. On a le devoir de se poser la question : qu'est-ce que je peux faire, moi, là où je suis, pour le tiers et le quart monde, et pour soulager cette effroyable misère ? Dites votre mot ! Après tout, vous vivez en démocratie, nom d'une pipe ! » Là aussi, j'ai présenté mes excuses, publiquement même, en insérant ma lettre au directeur de la rédaction dans une réédition de mon livre, *Chiffonnière avec les chiffonniers*. Ce n'était pas le fond de mon intervention que je regrettais, mais la forme. J'aurais pu dire la même chose avec plus de douceur.

J'ai aussi beaucoup critiqué certains aspects de la vie de l'Église qui me paraissaient mesquins. Par exemple quand le père Henri de Lubac a été sanctionné par le Vatican, en 1950, cela m'avait mise hors de moi, car c'était un homme ouvert et intelligent qui avait apporté un souffle d'air frais. Plus tard, c'est ce même théologien jésuite qui a écrit un livre qui m'a fait un bien fou en me permettant de faire la paix avec l'Église. Dans ce livre, *Méditations sur l'Église*, le père de Lubac analyse toute l'action de l'Église, depuis les premiers chrétiens jusqu'à l'époque actuelle. D'un côté il montre que l'Église est faite d'hommes qui ont leurs limites et leurs faiblesses ; de l'autre, il expose comment, à travers les pauvres types que nous sommes tous, l'Esprit de Dieu continue à faire des merveilles. Dans sa vision, le positif l'emporte très nettement sur le négatif. Je comprends maintenant que l'Église, tel un bateau, avance à coups de gaffes.

Aussi bien en ce qui concerne l'Église que les bourgeois que j'ai tant critiqués pour leurs côtés étriqués, il m'a fallu des années pour voir qu'il y a autre chose. Il y a dans la classe bourgeoise des gens – j'en connais – qui font des choses admirables. Quant à l'Église, eh bien, il y a longtemps déjà, un prêtre m'a dit : « De nos jours la pratique religieuse a baissé ; il y a de moins en moins de prêtres et de religieuses et religieux. Et pourtant, ma sœur, si vous voulez mon avis, j'estime que le XXe siècle est bien plus évangélique que tous les siècles qui l'ont précédé. » Cette phrase me paraît tout à fait juste. Nous vivons une époque infiniment plus solidaire que celles que j'ai connues. Beaucoup de motifs pour lesquels je me mettais en colère dans ma congrégation – par exemple le style autocratique de certaines supérieures, l'accent mis sur la discipline, l'interdiction de lire des journaux, la division qui m'avait mise hors de moi entre « sœurs de chœur » (les intellectuelles) et « sœurs converses » chargées des travaux manuels –, tout cela a disparu. L'ouverture que nous vivons et qui, commencée dans les années cinquante, parfois même avant, fut confirmée et institutionnalisée par

159

le concile Vatican II, me permet d'avoir un juge-
ment beaucoup plus serein. Avec l'âge, je suis
devenue plus indulgente. Le fait de ne pas avoir
réussi, moi-même, à réaliser mon rêve d'enfance
de devenir une sainte de vitrail me fait comprendre
que je n'ai pas le droit d'exiger la sainteté de la
part de mes frères et sœurs. Et la vision d'ensemble
est plus humaine qu'autrefois. Aujourd'hui, plus
personne ne parle d'un « défroqué ». On dit : « Tel
prêtre a préféré se marier, après tout il est libre. »
Tout a changé. Et changé en mieux.

Je pense que, même si je ne l'ai pas choisi moi-
même – encore aujourd'hui, si l'on m'en donnait
l'ordre, je reprendrais l'avion pour Le Caire avec
joie –, il est bon que je termine ma vie dans le
silence. La retraite : j'ai beaucoup réfléchi à ce
mot-là. Il y a la retraite d'une armée, la retraite
de quelqu'un qui a terminé son travail. Puis il y
a la retraite dans notre sens à nous, chrétiens,
quand on part pendant quelques jours pour réfléchir, méditer et prier. Seulement moi, je suis dans
cette maison de retraite non pas pour faire une
retraite de quelques jours, mais pour vivre désormais dans un autre univers, toujours aussi passionnant que du temps où je courais et me démenais.
C'est toujours la même fureur de vivre, mais une
fureur calme, en quelque sorte, dont le but est
l'approfondissement. Je crois que pour atteindre
l'essence de l'être – que ce soit Dieu ou l'homme,
la vie ou la mort – on a besoin de calme, de
silence. Depuis mon retour en France, je passe

trois heures par jour à prier. Je sais, ma prière n'est qu'une pauvre prière. Il m'arrive de m'endormir !...

Mais je sais aussi que la prière donne des fruits étonnants. Quand on approfondit sa relation avec Dieu, quelque chose change. Moi, je n'ai commencé à comprendre ce qu'est l'infini que parce que j'ai réalisé à quel point je suis finie. Je suis quoi ? À peine quelques centimètres à droite et à gauche dans l'espace, un petit lumignon qui, de plus, avec les années, sent de manière croissante son impuissance physique. Avant, j'aimais beaucoup courir, me dépenser, savoir. Savoir surtout. Je dévorais des bibliothèques entières. Maintenant je ne désire plus savoir. La science que contiennent les livres me paraît éphémère, relative, petite devant l'absolu de Dieu. En ayant renoncé à connaître ce qui passe, je m'immerge en Dieu qui est la connaissance infinie. « Qui perd gagne » : je retrouve Pascal.

Mais attention ! Ça ne veut pas dire que je me suis éloignée de l'humanité. Au contraire, je crois très profondément que les âmes peuvent communiquer par d'autres moyens que le contact physique ou la présence visible. Plus ma relation avec Dieu devient forte, plus elle fortifie ma relation avec les hommes. Quand, à la chapelle, je prends la lettre de quelqu'un qui me dit son désespoir, je vois des milliers de visages derrière ce témoignage. J'entends des milliers de cris.

Leur douleur devient ma douleur, comme dirait l'abbé Pierre.

J'ai été très aimée dans ma vie, non seulement par ma propre mère, mais encore par la maîtresse de novices, par mère Elvira, mes sœurs, mes élèves, mes chers chiffonniers surtout, et bien d'autres. Or ce Dieu-amour que j'ai connu dès ma petite enfance, Il m'a attirée et Il m'attire de plus en plus. Pour moi, Dieu est le sommet de l'amour-don qui a décidé un jour d'entrer dans notre aventure de vie et de mort, de joie et de souffrance, de dilatation et de larmes, jusqu'au bout. Y compris dans le mal qui nous désarçonne et qui, plus d'une fois, m'a fait m'écrier : « Mais Seigneur, où es-Tu ? » Car, c'est curieux, pour moi, en fin de compte, le mal fait partie de la vie. Dieu a tellement aimé l'homme qu'il l'a voulu libre, libre d'aimer ou de haïr. Alors, la mousson qui tue, la guerre qui massacre, des enfants qui meurent de faim, cela peut aboutir à un bien ? Moi j'ose dire oui. C'est le Christ qui continue d'être flagellé et torturé. Mais attention ! Il est ressuscité le troisième jour. Le dernier mot n'est pas au mal, n'est pas au massacre. La Vierge le savait. Elle qui n'a jamais désespéré m'a fait comprendre qui est le Dieu-amour.

D'après moi, sœur Emmanuelle, il n'y a pas sur terre de situation, si désespérée qu'elle paraisse, qui n'apporte que la mort. Pas une seule réalité qui ne porte en elle un germe de résurrection. Comme les ordures de l'usine de compost qui feront refleurir le désert. Jamais je n'aurais pu supporter la vie que j'ai eue, toutes ces détresses au Soudan, au Liban, tous ces enfants qui mouraient du tétanos en Égypte, si je n'avais cru à la résurrection de la chair, à la vie au sens le plus large du mot. L'amour est plus fort que la mort parce que ce n'est pas du fait que tu meurs que tu n'aimes plus et que tu n'es plus aimé. La manière dont tu as vécu continue. Si tu as aimé, si tu as partagé, si tu as voulu le bonheur des autres, tu as posé des actes d'amour qui ne mourront jamais. C'était, même si tu ne l'as pas professé explicitement, une manière de rendre gloire à Dieu. En revanche, si tu as écrasé les autres pour n'aimer que toi-même, tu n'as eu que la vie d'un animal et tu t'es ouvert à toi-même les portes de l'enfer. Ce n'est pas Dieu qui t'y jettera, ce sont tes actes de non-amour. Non, l'enfer, ce n'est pas les autres. L'enfer, c'est l'homme qui s'enferme sur lui-même.

Dieu nous a donné le monde, les poissons, les oiseaux, la terre pour faire la fête, pour en jouir ensemble, en partageant. Pour moi, le plus important sur terre, c'est de déployer toutes les ressources que nous avons reçues – notre intelligence, notre volonté, notre santé tant qu'elle est encore bonne – pour vivre au maximum en créant du bonheur. Le vivant, c'est celui qui aime une fleur, un rayon de soleil, un bon repas. Au moment de mourir, saint François, le pauvre d'Assise, a demandé à Claire de lui donner un gâteau à la frangipane. Et Claire, qui savait qu'il adorait la frangipane, le lui avait déjà préparé. Tu vois, c'est cela, vivre.

Et moi, ce que je demanderais ? Une glace à la vanille ! J'aimerais emporter mon péché mignon !

Prières

ADORATION

Seigneur, accorde-moi aujourd'hui cette grâce : que rien ne puisse troubler ma paix en profondeur, mais que j'arrive à parler santé, joie, prospérité à chaque personne que je vais rencontrer, pour l'aider à découvrir les richesses qui sont en elle.

Aide-moi surtout, Seigneur, à savoir regarder la face ensoleillée de chacun de ceux avec qui je vis. Il m'est parfois si difficile, Seigneur, de dépasser les défauts qui m'irritent en eux pour m'arrêter à leurs qualités vivantes, dont je jouis sans y prendre garde.

Aide-moi aussi, Seigneur, à regarder Ta face ensoleillée, même en face des pires événements : il n'en est pas un qui ne puisse être source d'un bien qui m'est encore caché, surtout si je m'appuie sur Marie.

Accorde-moi, Seigneur, la grâce de ne travailler que pour le bien, le beau et le vrai, de chercher sans me lasser, dans chaque homme, l'étincelle que Tu y as déposée en le créant à Ton image.

Accorde-moi encore d'avoir autant d'enthousiasme pour le succès des autres que pour le mien, et de faire un tel effort pour me réformer moi-même que je n'aie pas le temps de critiquer les autres.

Je voudrais aussi, Seigneur, que Tu me donnes la sagesse de ne me rappeler les erreurs du passé que pour me hâter vers un avenir meilleur. Donne-moi à toute heure de ce jour d'offrir un visage joyeux et un sourire d'ami à chaque homme, Ton fils et mon frère. Donne-moi un cœur trop large pour ruminer mes peines, trop noble pour garder rancune, trop fort pour trembler, trop ouvert pour le refermer sur qui que ce soit.

Seigneur, mon Dieu, je Te demande ces grâces pour tous les hommes qui luttent aujourd'hui comme moi, afin que diminue la haine et que croisse l'Amour, car, depuis Ta Résurrection, la haine et la mort ont été vaincues par l'Amour et la Vie. Ouvre nos yeux à l'invisible pour que rien n'arrive à ébranler l'optimisme de ceux qui croient en Toi et qui croient en l'Homme, qui espèrent en Toi et qui espèrent en l'Homme. Amen.

Sœur Emmanuelle
(traduit et adapté de Christian Lançon)

AVEC TOI, LA MORT EST BELLE

Seigneur je nous confie tous à Toi,
car je suis sûre de Toi,
je suis sûre que tu nous sauves,
je suis sûre qu'à chacun de nous, les pauvres types,
Tu vas dire le jour de notre mort :
tu seras ce soir avec moi dans le Paradis,
car il y aura un soir où Tu nous revêtiras de Toi.
Toi qui es Dieu et qui es devenu un pauvre homme
comme nous, Tu as eu faim et soif
comme nous, Tu as eu peur et Tu as pleuré,
comme nous, Tu es mort.
Ton pauvre corps a été mis dans la tombe,
comme le sera le nôtre,
et Tu en es sorti transfiguré,
comme nous en sortirons un jour.
Mon bien-aimé, avec Toi, la mort est belle,
la Résurrection nous attend. Merci.

Sœur Emmanuelle

Table

Avant-propos.. 9

    I. La mort à six ans.................................. 15
    II. Je veux l'Absolu 23
    III. À moi l'aventure !.............................. 31
    IV. Religieuse par rébellion...................... 39
    V. Le temps de la maturité 49
    VI. Le pari de Pascal 59
    VII. Les fruits de l'échec........................ 69
    VIII. La révolte au nom des pauvres........... 79
    IX. Soixante-deux ans : le rêve devient
        réalité 89
    X. Sauver les enfants 97
    XI. Plaidoyer pour les femmes 107
    XII. La bonne conscience des coffres-
        forts 117
    XIII. Mes sœurs, ma famille..................... 125
    XIV. Vive le grand âge !.......................... 135
    XV. Retour au pays............................... 145
    XVI. La colère et la joie......................... 155

Adoration 167
Avec Toi, la mort est belle................................ 169

CET OUVRAGE
A ÉTÉ TRANSCODÉ
ET ACHEVÉ D'IMPRIMER
SUR ROTO-PAGE
PAR L'IMPRIMERIE FLOCH
À MAYENNE EN SEPTEMBRE 2003

N° d'éd. FF713007. N° d'impr. 58217.
D. L. : mai 1995.
(Imprimé en France)